T0194836

Nein gewinnt!

Peter Buchenau

Nein gewinnt!

Warum Ja-Sager verlieren

Peter Buchenau
The Right Way GmbH
Waldbrunn
Deutschland

ISBN 978-3-658-07700-6   ISBN 978-3-658-07701-3 (eBook)
DOI 10.1007/978-3-658-07701-3

Die Deutsche Nationalbibliothek verzeichnet diese Publikation in der Deutschen Nationalbibliografie; detaillierte bibliografische Daten sind im Internet über http:// dnb.d-nb.de abrufbar.

Springer Gabler
© Springer Fachmedien Wiesbaden 2015

Coverabbildung: deblik Berlin unter Verwendung von Fotolia.de
Illustrationen im Buch: Marlena Reinert

Gedruckt auf säurefreiem und chlorfrei gebleichtem Papier

Springer Fachmedien Wiesbaden ist Teil der Fachverlagsgruppe Springer Science+Business Media
(www.springer.com)

Geleitwort

Während ich mir Gedanken über dieses Vorwort mache und vereinzelt Ideen in die Tasten tippe, läuft im Hintergrund der Fernseher. Die Übertragung einer Musik-Show. Die meisten Songs sind seicht und lenken mich nicht ab. Erst die bemerkenswerte Stimme eines jungen Mannes im verwaschenen Kapuzenpulli, der über sein „Heart of Stone" singt, lässt mich kurz aufhorchen. Es ist Andreas Kümmert. Mit sieben anderen musikalischen Acts kämpft er in der Sendung um die Teilnahme am Finale des Eurovision-Song-Contests 2015 in Wien.

Ein Event, das jährlich von über 150 Mio. Menschen am Bildschirm verfolgt wird. Ein Event, das zu Ruhm und Reichtum führen kann. Ein Event, das Conchita Wurst, Lena Meyer-Landrut und auch Udo Jürgens zu Stars gemacht hat. „Einmal beim ESC dabei sein!" – dies ist für viele Musiker ein großer Traum. Ein Traum, der sich für Andreas Kümmert erfüllen kann, denn er gewinnt das telefonische Zuschauer-Voting der TV-Show. Rund achtzig Prozent der Anrufer haben sich für ihn entschieden!

Doch als die Moderatorin Barbara Schöneberger ihm zum Sieg gratuliert und das Final-Ticket überreichen will, lehnt Kümmert ab und sagt „Nein! Ich fahre nicht nach Österreich!" Das ist ein echter Schock! „Warum macht er das? Wieso verzichtet er auf die Chance seines Lebens? Ist der krank?" – Diese Fragen werden sich in den Tagen nach dem ESC-Vorentscheid viele Menschen stellen!

In Peter Buchenaus neustem Werk „Nein gewinnt – Warum Ja-Sager verlieren!", werden Sie Antworten auf diese Fragen finden. Antworten, die auch Ihnen helfen können, so souverän wie Andreas Kümmert zu reagieren und Ihr wahres Selbst zu leben. Denn anders als mancher zunächst vermutet, ist Andreas Kümmert nicht psychisch krank, sondern er weiß ganz genau, was er will. Seine Fähigkeit zur Selbstbehauptung lässt sich in wenigen Worten mit einer buddhistischen Weisheit erklären: „Wenn in Dir ein brennendes Ja lebt, fällt Dir jedes Nein leicht!"

Mit klaren, selbstbewussten Entscheidungen stößt man manchmal andere vor den Kopf. Man wird dann schnell als Spielverderber abgestempelt. Auch Andreas Kümmert musste Buh-Rufe, Häme und einen Shitstorm in den sozialen Netzwerke über sich ergehen lassen. Doch dies nahm er in Kauf, um ein selbstbestimmtes Leben zu führen. Er sagt ‚Nein' zur Glamour-Welt und ‚Ja' zu einem Leben als ein einfacher Sänger. Er liebt die Musik, aber nicht den medialen Hype. Er weiß, was er will und bleibt sich treu! Als Psychologe bin ich ihm dankbar für seine Entscheidung. Andreas Kümmert kann so zu einem Vorbild für viele werden, denen oft der Mut fehlt, ihren eigenen Weg zu gehen.

In meinen psychologischen Beratungen begegnen mir oft Menschen, denen leider die Kraft zum Nein-Sagen fehlt. Die meisten von ihnen zahlen alle einen hohen Preis dafür, dass sie es anderen recht machen wollen, Konfrontationen scheuen oder es nie gelernt haben, Nein zu sagen. Viele psychische und auch psychosomatische Erkrankungen haben ihre Ursachen darin, dass Menschen lieber eine gute Miene zum bösen Spiel machen, statt zu ihren Werten und Ansichten zu stehen. Ein Nein zum richtigen Zeitpunkt kann Leben retten oder zumindest ihre Gesundheit! Ein guter Freund sagte einmal zu mir: „Burn-out lautet die Diagnose für ein fehlendes Nein-Sag-Gen."

Zum Glück trainiert man heute schon in den Kindergärten mit den Kleinsten Techniken zur Selbstbehauptung. Mit einem

„Halt! Stopp! Nicht mit mir!" setzen schon die Kita-Kids ihren Spielkameraden klare Grenzen. Dies zu können, ist ein Schlüssel zu einem erfüllten Leben. Lernen wir gemeinsam von den Kleinsten, von großen Musikern und den vielen inspirierenden Impulsen, die sich auf den kommenden Seiten dieses Buches finden lassen – damit ein bewusstes ‚Nein' zu unserem größten Gewinn werden kann.

Essen im März 2015   Rolf Schmiel

Vorwort – Auswege aus der Gefälligkeitsfalle

Eine Frage – eine Antwort?
Nein.

Es gibt immer mindestens zwei Antwortmöglichkeiten. Und ein klares, deutliches „Ja" ist durchaus ok. Dieses Buch ist keine grundsätzliche Absage an die Zusage. Es ist eine Aufforderung darüber nachzudenken, warum ein halbherziges „Ja" nicht immer (zu mir) passt und ein gefühlt kaltherziges „Nein" trotzdem manchmal passenderweise ausgesprochen gehört.

Die positiven und negativen Verknüpfungen, die wir jeweils in unserem Kopf herstellen, aufgrund von Projektionen, laufen automatisiert ab, lassen sich jedoch umpolen:

Ja, Sie können lernen das Verneinen zu bejahen.

Dabei wird sich das Thema „Selbstachtung" wie ein roter Faden durch dieses Buch ziehen. Ein plakativ vor sich hergetragenes „Nein" bringt niemandem etwas. Weder dem Bittsteller, noch Ihrer inneren Freiheit. Das artikulierte „Nein" auch so zu empfinden ist das Ziel – ganzheitlich. Unsere Gefühle sind die einzige Realität die wir haben, da kommt es oft genug viel mehr auf den inneren Dialog mit uns selbst an, als auf die Außendarstellung und -wahrnehmung. Sie werden nach und nach spüren, dass sich etwas verändert: War es bislang der Dialog, der Sie geführt hat, übernehmen Sie nun die Kontrolle über ihn und das Resultat. Worte der Rechtfertigung, Worte im Überfluss, werden da überflüssig. Ein einfaches, klar kommuniziertes „Nein" genügt. Sie werden es erleben.

„Aber es gibt nun mal Situationen – zum Beispiel im Job – da geht es einfach nicht!"
Stimmt das?

Wer privat nichts ablehnen kann, vermag dies im beruflichen Umfeld vermutlich genauso wenig – und umgekehrt. Mag das in familiärem oder freundschaftlichem Rahmen noch mit Emotionen verbunden sein, also vordergründig „normal", verlangt das Business nach anderen Regeln. Doch gerade da, wo das Leistungsprinzip den täglichen Maßstab vorgibt, ist die Abwägung ganz besonders wichtig. Denn gute Leistung bemisst sich kaum einmal an Quantität. Qualität als Maßstab sollte immer Priorität haben.

Wenn wir aber im Berufsleben darauf warten, dass andere uns Grenzen setzen, werden diese so gut wie immer destruktiv wirken. Die eigenen Grenzen können nur wir selbst perfekt ausloten und festlegen. Und vor allen Dingen: festigen und verteidigen. Wer außer uns selbst tritt so für uns ein, wie wir es benötigen? Oder anders gesagt: Wenn nicht wir es tun, tut es niemand. Und schon gar nicht Kollegen, Mitarbeiter, Vorgesetzte. Dabei ist „Grenze" austauschbar. Sie können es auch „Zielgerade" nennen. Vielleicht liegt Ihnen diese positive Formulierung ja eher. Hauptsache, Sie behalten den Fokus auf der Selbstbestimmung und verlegen ihn nicht auf ständige Zustimmung. Ich habe gut reden? Ja, habe ich. Denn ich weiß:

Nicht nur ein „Nein" kann unangenehme Konsequenzen haben. Wer sich mit einem stetigen „Ja" seine Ruhe erkaufen will, springt oft zu kurz – und zahlt am Ende drauf. Immer wieder aus der Schublade geholt zu werden und in die Bresche springen zu müssen, ist dabei nur eine Folge. Die man niemandem übel nehmen kann. Denn warum sollte ein Mensch, der eine positive

Erfahrung gemacht hat, diese nicht wiederholen wollen? Warum uns nicht gleichzeitig in immer die gleiche Schublade stecken? Die, der Zuverlässigkeit? Mag sein. Und kann man durchaus so formulieren, wenn das Achtsam- und Gegenseitigkeitsprinzip eingehalten werden. Ansonsten jedoch ist es die Schublade der Funktionalität. Auf und zu. Je nach Bedarf, ohne ihr Bedürfnis zu sehen.

Was andererseits nicht automatisch heißt, dass Menschen, die auch mal „Nein" sagen, nie wieder gefragt werden. Und wenn dies doch die Folge ist, so deutet dies auf ein Problem beim Absender hin und nicht beim Adressaten. Es gibt selten etwas, dass man so leicht hinnehmen können sollte.

Wird Sie dieses Buch verändern? Werde ich aus Ihnen einen Revoluzzer machen?
Wohl kaum.

So wie ein häufig(es) reflexartiges „Ja" keine stille Akzeptanz sein muss, ist ein anfangs vielleicht noch seltenes – aber dafür reflektiertes – „Nein", nicht unbedingt stumme Auflehnung. Sondern zuallererst das „Ja" zu sich selbst.

Haben Sie Gefallen an einem Gefallen, tun Sie ihn. Fiele er ihnen eine Last, tun Sie ihn ab.

Es geht dabei um nichts Geringeres, als um die Balance zwischen Egoismus und Solidarität. Folgen Sie mir und ich werde Ihnen auf dem Weg dahin helfen.

Inhalt

Über den Autor

Peter Buchenau gilt als der Chefsache Ratgeber im deutschsprachigen Raum. Der mehrfach ausgezeichnete Führungsquerdenker ist ein Mann von der Praxis für die Praxis, gibt Tipps vom Profi für Profis. Auf der einen Seite Vollblutunternehmer und Geschäftsführer der eibe AG, einem der Marktführer für Spielplätze und Kindergarteneinrichtungen, auf der anderen Seite Redner, Autor, Kabarettist und Dozent an Hochschulen. Seinen Karriereweg startete er als Führungskraft bei internationalen Konzernen im In- und Ausland, bis er schließlich 2002 sein eigenes Beratungsunternehmen gründete. Sein breites und internationales Erfahrungsspektrum macht ihn zum gefragten Interim Executive, Experten und Redner. In seinen Vorträgen verblüfft er die Teilnehmer mit seinen einfachen und schnell nachvollziehbaren Praxisbeispielen. Er versteht es wie kaum ein anderer, ernste und kritische Führungsthemen, so unterhaltsam und kabarettistisch zu präsentieren, dass die emotionalen Highlights und Pointen zum Erlebnis werden.

1

Die Gewichtung des „Nein"

1.1 Die Leichtigkeit des „Nein" oder: Das negative Nein!

Stellen Sie sich mal folgende Situation vor: Es ist Freitagabend, Sie ziehen noch einmal den Lidstrich, überprüfen Ihr Outfit ein letztes Mal vor dem Spiegel, bevor Sie sich Ihre Handtasche schnappen und auf den „Wie kannst du da bloß drin laufen?"-Schuhen die Tür hinter sich zuziehen, abschließen und den Weg zur Bar antreten. Heute Abend darf gefeiert werden.

Die Musik ist ein bisschen zu laut, um über empfindliche Dinge zu sprechen, also holen Sie sich einen weiteren Gin Tonic, zahlen ihn zähneknirschend an der Bar, wollen sich umdrehen und spüren eine Hand auf Ihrer Schulter. „Hey."

Sie drehen sich um. Vor Ihnen steht ein Mann, der irgendwie nicht ins Bild passen will. Der Geruch, der Ihnen entgegenschlägt ist eine Mischung aus billigem Aftershave und Autan. Ja, genau, das Anti-Mückenspray und Retter in der Not im Sommer. Jetzt ist aber Winter.

„Hallo", sagen Sie und wollen sich instinktiv schnellstens zurück durch die Menge zu Ihren Freunden drängeln, doch irgendetwas an Ihrer Begrüßung scheint aufmunternd gewesen zu sein. „Darf ich dich auf einen Drink einladen?", fragt der Insekten-Töterli-Geruch. Dass er lispelt macht die Sache genauso wenig besser, wie der mit einer guten Portion Hochprozentigem vermischte Mundgeruch. Mehr abwehrend denn entschuldigend halten Sie Ihr volles Glas hoch und starten einen zweiten Versuch, wieder zurück zu Ihren Freunden zu gelangen.

„Ach, ist doch nicht schlimm. Dann hast du zwei." Glucksend stellt er sich an die Bar und bestellt hemmungslos zwei Drinks. Wodka-Energy für sich und einen Gin Tonic für Sie. Bis Sie Ihre Sprache wiedergefunden haben, plappert er los: „Und, was machst du hier so, schöne Frau?" Er kommt näher und legt einen Arm um Sie. Sie weichen einen Schritt zurück und schauen ihn direkt an. Er ist klein, hat fettige Haare und auch insgesamt etwas unangenehm Öliges an sich. Die Art, wie er Sie anblickt, lässt Sie erschaudern und Sie möchten eigentlich nichts wie weg. Sie überlegen, wie Sie reagieren sollen und setzen auf Sarkasmus: „Einkaufen, was sonst?" Damit denken Sie, dass er es gut sein lassen wird, doch er baggert hemmungslos weiter. „Lass uns erst mal was trinken, oder?" Er entblößt eine Reihe von schiefen Zähnen, kommt dann sogar näher und versucht Sie nochmals in eine Umarmung zu ziehen. „Ach was, lass uns gehen und den Drink bei mir zu Hause zu Ende trinken."

Jetzt ist der Punkt erreicht, an dem Sie ein wenig in Panik geraten, denn er will eindeutig nicht nur trinken, sondern mehr. Was machen Sie? Sagen Sie Ja, ist es Mitleid. Sagen Sie Nein, ist es eindeutig und Sie vertreten vehement Ihren Standpunkt. Sie wollen es absolut nicht, fühlen sich angewidert, ekeln sich vielleicht sogar vor der Vorstellung.

„Nein." Er mag Sie vielleicht mit großen Augen anschauen, doch Sie drehen sich weg und gehen direkt zu Ihren Freunden zurück ohne sich nochmal umzusehen. Was er den Rest des Abends über „treibt" bleibt sein Geheimnis. Sie würdigen ihn keines Blickes mehr und haben ihn schon im nächsten Moment vergessen.

Sehen Sie: Nein sagen ist gar nicht so schwer und wenn Sie es in den Situationen können, in denen es Ihnen so selbstverständlich über die Lippen kommt wie hier, können Sie es auch in anderen. Wenn Sie lernen auf Ihre innere Stimme zu hören, wird Sie das immer weiter darin bestärken, auch anderweitig Nein zu sagen.

Sie wollen in den Urlaub fahren und müssen noch einige Dinge erledigen. Ihr bester Freund bittet Sie aber einen Tag vor Abreise noch darum, seine Magisterarbeit Korrektur zu lesen. „Weil du doch so gut bist mit Zeichensetzung und so."

Sie fragen sich sofort, warum er das erst jetzt macht, warum es so spät sein muss, die Abgabe ist doch schon in zwei Tagen, er weiß doch, dass Sie in den Urlaub fahren usw. Das sind die ersten Gedanken, die Ihnen in den Sinn kommen. Sicherlich, die erste Reaktion ist, dass Sie es natürlich tun und dass das so lange ja nicht dauern wird. Und dass es schon egoistisch ist, den eigenen Urlaub über den Erfolg des besten Freundes zu stellen. Doch kaum haben Sie angefangen, die ersten Seiten zu korrigieren (Sie konnten nicht Nein sagen), kommt Ihnen wieder in den Sinn, dass Sie ja eigentlich noch nicht viel gepackt haben und dass noch viel ansteht. Um 8 Uhr müssen Sie am Flughafen sein, es ist bereits 18.30 Uhr und noch liegen Strümpfe und Hosen ordentlich gefaltet im Schrank, der Koffer steht noch im Keller und der Abwasch, ja, der – der hat schon beinahe Beine bekommen. Sie wollen in den Urlaub fahren, aber Ihrem Freund auch helfen. Wieder eine Entscheidung, vor der Sie stehen und bei der Sie ein klares Ja oder Nein kommunizieren müssen.

Sie haben das Recht auf Urlaub und Sie haben das Recht darauf, auch genau das zu kommunizieren. Sicherlich ist es richtig und wichtig, dass Sie Ihrem Freund helfen wollen, doch hier steht im Vordergrund, dass auch Sie etwas wollen und vor allem wollen dürfen. Eine Lösung der Situation wäre dann, dass Sie entweder einen Kompromiss eingehen, der Sie nicht einschränkt oder absolut Nein sagen. Die Enttäuschung auf der anderen Seite wird vielleicht groß sein, doch letztendlich geht es darum, dass Sie sich darin üben, ein Nein klar und deutlich zu artikulieren.

Sie werden sonst nämlich derjenige sein, der immer ausgenutzt und immer wieder auch in die Ecke gedrängt wird.

Erklären Sie Ihrem Freund, dass der Urlaub für Sie genauso wichtig ist wie für ihn die Arbeit. Seien Sie ehrlich, auch auf die Gefahr hin, dass Sie ihn enttäuschen. Seien Sie authentisch in Ihren Aussagen und versuchen Sie nicht, sich für etwas zu entschuldigen

Indem Sie Nein sagen, befreien Sie sich von vielen unangenehmen Gefühlen: Sie sind frei, sind ehrlich, kommunizieren stark und bleiben standhaft bei Ihrer Meinung.

Zusätzlich geraten Sie nicht in die Gefahr, vor Dritten eventuell über Ihren besten Freund doch mal ein schlechtes Wort zu verlieren. Sicherlich, im Kindergarten sind wir nicht mehr und auch nicht in der Mädchenumkleide einer 7. Klasse, aber ein Nein gewinnt genau dann, wenn das Ja eingeengt und schlecht ist. In dem Fall schlecht für die erfolgreiche Durchführung des Urlaubs.

Natürlich könnten Sie argumentativ vorgehen. Aber mit jemandem, der Gefahr läuft, exorbitant in Panik zu geraten, sollte man vielleicht nicht gerade diskutieren. Hier helfen also nur Ich-Botschaften und klare Aussagen. „Nein, ich schaffe es nicht" oder „Es tut mir leid, aber ich möchte meinen Urlaub vorbereiten."

Wenn Sie sie parat haben, können Sie auch Alternativen bieten, die Ihnen und auch Ihrem Freund in seiner Not helfen, damit die Situation für Sie und ihn positiv ausgehen kann. Aber fangen Sie nicht an, sich zu erklären, herauszureden oder gar zu flunkern. Machen Sie sich immer bewusst: Sie entscheiden über sich selbst und Ihre Situation und wenn Ihre Situation ein Nein verlangt, zögern Sie niemals, genau dieses auch deutlich zu kommunizieren.

Das war der Schnelldurchlauf. Wie Sie das Ja zum Nein auch verinnerlichen, erfahren Sie – jetzt.

1.2 Die Bedeutsamkeit des „Nein" oder: Das positive Nein!

Sicher haben Sie auch schon oft geärgert, weil Sie als Antwort lieber Nein statt Ja gesagt hätten. Das kommt relativ oft vor, richtig? Aber damit soll jetzt Schluss sein, denn nachfolgend werden Sie erfahren, wie Sie genau dann Nein sagen, wenn Sie es auch wollen und nicht nur dann, wenn Sie es unbedingt müssen. Ich zeige Ihnen Schritt für Schritt wie Sie es schaffen, in jeder Situation, die ein Nein benötigt, auch eines parat zu haben.

Am Tag treffen wir unendlich viele Entscheidungen. Die meisten davon relativ schnell und auch unbewusst. Automatisierte Handlungsabläufe, Ergebnisse unserer unbewussten Entscheidungen: Nehme ich die Treppe oder den Aufzug? Rücke ich die Brille auf der Nase zurecht oder kratze ich mich beim Nachdenken an der Nase? Grüße ich aus dem Auto, wenn mir jemand Bekanntes entgegenkommt? Gehe ich einen Schritt schneller, wenn die Bahn schon einfährt und ich noch nicht ganz am Bahnsteig bin?

Doch hier soll es nur um bewusste Entscheidungen gehen, insbesondere um die Entscheidung für das Nein – um ein Ja zum Nein – und am Ende des Buches gehen Sie dem viel zu häufigen unbewussten Ja-Reflex nicht mehr auf den Leim. Versprochen!

Sehen wir uns das Nein zunächst einmal näher an, und lassen Sie uns bewusst etwas Haarspalterei betreiben, indem wir die Fragen stellen: Liegt in einer Negation automatisch etwas Negatives? Oder anders gefragt: Dockt ein Nein zwingend negativ an? Ist es immer eingleisig aussagekräftig oder eher inhaltslos? Gar destruktiv? Geben wir eine Bewertung des Bittstellers oder Fragenden, indem wir Nein sagen? Werten wir ihn damit ab? Impliziert unser Nein Abwehr oder Abweisung?

Ein Nein kann durchaus negativ „andocken", das liegt letztlich in der Natur seiner originären Bedeutung. Ohne Begründung mag es auch manchmal inhaltslos anmuten, was dann Interpretationen Tür und Tor öffnet. Das ist im zwischenmenschlichen Bereich kaum vermeidbar. Deshalb ist es so wichtig die Sachebene beizubehalten und sich einmal ganz in Ruhe anzusehen, was es mit der konkludenten Vorwurfshaltung auf sich hat. Der Sie sich teilweise gegenüber sehen, die Sie aber auch teilweise selbst viel stärker empfinden, als Ihr Gegenüber überhaupt ausdrücken wollte – quasi in Form einer self fullfilling prophecy. Und dabei geht es keineswegs immer nur um Bitten, die an Sie herangetragen werden. Manchmal fällt ein Nein sogar schwer, wenn Sie gar nichts tun sollen, sondern wenn Sie lediglich etwas ablehnten, was Ihnen angeboten wird. Stimmt's?

Kommen Ihnen folgende Gedankenmuster bekannt vor (vgl. Abb. 1.1)? *„Wenn ich jetzt keinen Kaffee trinke, den er mir doch extra gekocht hat, dann denkt er bestimmt, ich weiß seine Gastfreundschaft nicht zu würdigen. Dabei habe ich aktuell Magenschmerzen und Kaffee tut mir nicht gut, aber ich will jetzt hier auch nicht rumjammern oder eine Extrawurst bekommen, indem ich um Tee bitte…"* Dieser innere Monolog kann sich noch endlos fortsetzen. Die Sorge jemanden „vor den Kopf zu stoßen" ist bei manchen Menschen so manifestiert, dass sie dieses Gefühl nicht mehr mit einem einfachen „Nein, danke" kompensieren können. Das käme ihnen so unhöflich vor, dass sie lieber noch eine Magentablette einwerfen. Was dann hilft, ist ein Perspektivwechsel: *„Wem nutzt es, wenn ich diesen Kaffee trinke, und wem schadet es?"*

Glauben Sie mir: Wer sich einmal intensiv mit dem „Nutzen" einer Tasse Kaffee auseinandergesetzt hat, dessen Magensäfte kochen wesentlich seltener über. Es sind gerade die profanen Themen, über die wir immer wieder stolpern. Doch wir machen das nun anders: Wir bauen uns eine Brücke daraus. Eine Gedankenbrücke, die uns später auch über den reißenden Wasserfall einer Konfrontation mit unserem Chef führen wird, der Ihnen keinen Kaffee anbietet, sondern Ihnen vorwirft, wie abgebrüht Sie ihm ein Nein „um die Ohren hauen"…

Abb. 1.1   Kaffee oder Tee?

Dabei ist die erste „Erkenntnisplanke": Ein überlegt ausgesprochenes Nein bewegt sich zumeist im Situativen und Subjektiven. Es hat dann mit einer generellen Negation des Gesamtzusammenhangs oder der Person Ihnen gegenüber nicht das Geringste zu tun. Es sei denn, die Klammer wird so weit gezogen und umfasst bewusst die Beziehungsebene. Aber das unterliegt keinesfalls einem Automatismus. Ganz im Gegenteil. Der Einzige, den Sie im Falle eines Ja zu dieser dussligen Tasse Kaffee negieren, sind Sie selbst. Und das Gefühl eines schlechten Gewissens, welches Sie im Rucksack eines Nein mit sich tragen, leitet Sie fehl. Weil Sie selbst wissen, wie weh es tun kann, sich abgewertet zu fühlen.

Ja, das Gefühl der Abwertung ist ein sehr starkes und auch sehr trauriges Gefühl. Doch woraus entsteht es meistens? Sind es die bewussten verbalen Verletzungen, die wir einander zufügen? Oder sind es nicht eher die Gefühle, die wir aus unserem Erfahrungsschatz mitbringen und die uns etwas vorgaukeln?

Ein anderes Beispiel: Stellen Sie sich vor, Sie möchten eine Geburtstagsfeier für einen Freund ausrichten, backen einen Kuchen, lassen sich immens viel einfallen, fahren zig Mal hin und her, organisieren alles Wichtige, damit es eine schöne Feier wird. Sie haben sich also das sprichwörtliche Bein ausgerissen, was Sie auch gerne getan haben. Sie haben alles fertig gemacht, die Gäste sind da, alle sind glücklich, und plötzlich kommt jemand mit einem riesigen Karton, vermutlich bei Amazon bestellt; jeder kommt und guckt, und das Geburtstagskind sagt nach dem Auspacken: „Das ist das schönste Geschenk, das ich heute Abend bekommen habe." Sie fühlen sich verletzt, Ihr eigenes Engagement zerrinnt quasi vor Ihrem inneren Auge, und Sie sehen es wie leuchtende Buchstaben vor sich: „Ich bin ausgestochen worden. Das, was ich gemacht habe, zählt nicht mehr!" In diesem Moment fühlen Sie sich abgewertet und das tut weh. Aber wurden Sie es auch?

Vielleicht war Ihr Freund einfach nur höflich oder etwas überschwänglich zu dem anderen Gast und wird Ihnen am Ende der Feier noch in aller Ruhe und unter vier Augen sagen, wie sehr er sich darüber gefreut hat, was Sie alles heute für ihn gezaubert haben.

Das heißt: Bewerten Sie immer zunächst ausschließlich eine Situation und nicht den Menschen in dieser Situation. Wenn Sie ein Nein bekommen oder es sich konkludent so anfühlt, als verneine man Sie, als Mensch, Freund, Partner, Kollege – dann sehen Sie lieber nochmal ganz genau hin, ob sich diese Wahrnehmung nicht nur in Ihrem Kopf oder Bauch abspielt. Bleiben Sie realistisch. Ihr Umfeld kann nicht immer alles in seine Abwägungsprozesse einbeziehen. Und vor allem – Sie können gar nicht immer gemeint sein. So wichtig sind Sie gar nicht. Und wenn doch, wenn sich Ihr Umfeld nicht nur abgrenzt, so wie es jedermann freisteht, sondern Sie bewusst ausgrenzt, dann fragen Sie sich: Ist es die Person überhaupt wert, dass ich mich weiter mit ihr beschäftige? Diese Antwort dürfte leicht fallen: Wohl kaum. Also: Nein!

Und umgekehrt gilt natürlich dasselbe: Wenn Sie Nein sagen, weil Sie einen klaren Standpunkt vertreten, sagen Sie ja nicht Nein zu dem Menschen an sich, sondern nur zu der Bitte, die er Ihnen entgegengebracht hat.

In diesem Buch geht es immer um das Nein auf Sachebene. Um das Nein, das nach Abwägung getroffen wurde. Und sei das in einer logischen Sekunde mit der Anfrage geschehen.

Es geht um das Nein, das mit dem Ja zu sich selbst zu tun hat und kaum einmal mit der Zurückweisung des Menschen, so wie in unserem Eingangsbeispiel. Das kann und werde ich gar nicht oft genug wiederholen können. Doch mit jedem Mal, wo Sie es lesen, fließt es tiefer in Ihr Unterbewusstsein ein und verankert sich dort. Bis Sie es komplett verinnerlicht haben und Ihre Entscheidungsprozesse ruckzuck ablaufen.

Doch bin ich zunächst schon einmal froh, wenn Sie überhaupt entscheiden. Wenn Sie davon wegkommen instrumentalisiert zuzustimmen. Das automatisierte Ja ist genauso unsachgemäß, wie das automatisierte Nein. Reflexe können unser Überleben sichern. Gewiss. Wenn Sie bspw. über eine für Fußgänger grüne Ampel gehen wollen und trotzdem ein Auto heranschießt. Dann sollten Sie nicht lange überlegen, sondern einen Satz rückwärts machen. Ja, Sie hatten grün und alles Recht der Welt auf freien Übergang. Aber ein Auto mit 120 PS hat nun mal in diesem Moment die besseren Argumente. Und ein langer Abwägungs- und Entscheidungsprozess kostete Sie in diesem Moment Ihre Gesundheit oder vielleicht sogar das Leben.

Dass es bei dem alltäglichem Ja oder Nein nicht immer um Überlebenstraining geht, sollte indessen klar sein. Dass es dabei nicht automatisch um Negation oder Abwertung geht, dürfte nun auch klarer geworden sein.

Und wie sieht es mit einer Abwehrhaltung aus?

Abwehr bedeutet, dass man etwas absolut und komplett ablehnt und sich grundsätzlich nicht damit auseinandersetzen möchte. Ein Nein hingegen ist ein simples Statement. Indem man Nein sagt, wehrt man nicht ab, sondern sagt schlicht und einfach nicht Ja. Dann steht beim Nein nicht im Vordergrund für das Gegenteil von Ja zu stehen, sondern für die Achtsamkeit meiner Selbst. Was bringt es, wenn man immer nur Ja sagt, weil man Angst hat, etwas zu verpassen oder nicht zu genügen? Genau das ist es oftmals: Man hat Angst, nicht zu genügen und setzt sich lieber selbst unter Druck, als dass man zu einem positiven Nein steht.

Stehen Sie zu Ihrem positiven Nein.

Achten Sie mehr auf sich selbst, dann erkennen Sie die Bedeutsamkeit, nicht leichtfertig zu allem Ja zu sagen, nur um andere Menschen nicht durch ein Nein vermeintlich zu verletzen oder um sich selbst etwas zu beweisen. Aber, um sich selbst nicht in den Hintergrund zu stellen, ist es wichtig, das Gefühl, Nein sagen zu wollen, zunächst einmal wahr- und anzunehmen und dann auch zu lernen ihm konsequent zu folgen.

2
Die Entscheidung für das „Nein"

Gibt es einen richtigen Zeitpunkt für ein Nein? Und, wann ist es vielleicht auch mal klüger, Ja zu sagen? Wann scheint ein Nein egoistisch, wann nicht? Situationen, in denen wir Ja sagen, aber Nein meinen, gibt es viel mehr als Sie annehmen. Diese unbewussten Mechanismen möchte ich Ihnen an einem ersten Beispiel verdeutlichen, das wir alle kennen:

2.1 Das „Ja" im Affekt oder: Das Nein als Protest?

Diese Situation, die wir alle kennen – ich nenne sie das Wursttheken-Dilemma: Sie stehen an der Wursttheke im Supermarkt und werden nach Ihren Wünschen gefragt. Sie lesen den Einkaufszettel vor, auf dem Sie zuvor notiert haben: „200 Gramm Salami, fünf Scheiben Schinken, 100 Gramm Mortadella". Die Verkäuferin wiegt alles ab und fragt: „Darf es etwas mehr sein?"

Ihre Antwort kommt schnell: „Kein Problem." Bis zur Kasse machen Sie sich keine Gedanken. Vielleicht auch noch nicht daheim, wenn das Gekaufte in den Kühlschrank gelegt wird. Und möglicherweise auch noch nicht, wenn Sie fertig sind mit dem Essen. Aber spätestens beim Einpacken und Zurücklegen in den Kühlschrank fragen Sie sich eventuell, warum Sie überhaupt Ja gesagt haben. Hier geht es nur um lächerliche zwei oder drei Scheiben Wurst. Die Konsequenzen sind abschätzbar und eigentlich braucht man nicht mal von solchen reden. Doch exerzieren wir das einmal durch:

Sie haben also Ja gesagt und ein paar Scheiben mehr mitgenommen, als Sie eigentlich geplant hatten. An der Kasse sind es unwesentliche Cent mehr zu zahlen. Daheim wird es schon auch irgendwer essen. Doch letztendlich geht es darum, dass Sie diese paar Scheiben gar nicht wirklich brauchen, weil es eben auch die paar Scheiben weniger getan hätten. Und eigentlich wollten Sie diese Scheiben auch nicht. Wenn Sie ehrlich sind (Abb. 2.1).

Was ist da also passiert? Fakt ist, dass dies, ganz offensichtlich, ein Verkaufstrick ist, der sich schon jahrzehntelang bewährt hat. Eine gar böse Absicht steckt nicht dahinter oder wenn, dann etwas, das wir nicht schnell durchblicken könnten. Versuchen wir es trotzdem:

Abb. 2.1 200 g Salami

Edeka unterhält in Deutschland rund 11.000 Filialen (Focus 2014). Also nur mal angenommen, dass in jedem der 11.000 Filialen durchschnittliche rund 50 Käufer am Tag Wurst kaufen. Dann macht das rund 550.000 Käufer am Tag. Rechnet man weiter, dann sind das 3.300.000 Käufer pro Woche und rund 165.000.000 Käufer pro Jahr. Im Schnitt kauft jeder Käufer rund 200 g Wurst. Legt nun die Verkäuferin nur 10 % mehr auf die Waage, also 220 g, so macht das 3.300.000 kg Wurst mehr pro Jahr. Bei einem angenommenen Verkaufspreis von einem Euro pro 100 g, würde das ungefähr 33.000.000 € Mehreinnahmen für Edeka bedeuteten. Und mal ehrlich, wer von Ihnen sagt Nein, wenn die Verkäuferin mit einem charmanten Lächeln eine oder zwei Scheiben mehr auf die Waage legt. 33 Mio. € mehr Umsatz für Edeka, nur weil wir nicht NEIN sagen können?

Das Wursttheken-Dilemma bleibt für jeden Einzelnen überschaubar und im Prinzip könnte es uns auch herzlich egal sein, ob wir die Verkäuferin abweisen oder nicht. Letztendlich gehört diese Frage zu deren Routine und für uns spielt die Antwort kaum eine Rolle, weil sich daraus niemals zwischenmenschlich negative Konsequenzen ergeben werden. Aber wenn wir ehrlich sind, sagen wir auch beim nächsten Mal lieber Ja, als die Verkäuferin mit ihrer netten Art abzuweisen.

Aber wäre ein Nein zu zwei Scheiben Wurst wirklich als Abweisung zu verstehen und zu werten? Natürlich nicht. Und schon sind wir wieder bei der Erkenntnis, dass unser Ja nichts weiter ist, als der Impuls, bloß nicht unfreundlich zu erscheinen. Und bei vielen Menschen geht das noch weiter: Da ist es der tief verwurzelte Wunsch, gemocht zu werden. Selbst wenn es dabei um uns wildfremde Menschen geht.

Ein weiteres Beispiel mag dies verdeutlichen; dabei geht es um den Spenden-Automatismus: „Es sterben Kinder auf der Welt" oder „Tiere werden gequält, tun auch Sie etwas dagegen!" Diese bekannte „Ansprache' kennt wohl jeder". Und ja, es ist auch richtig und wichtig, sich für Gerechtigkeit einzusetzen und gegen

Ungerechtigkeit auszusprechen. „Wer Geld für Bier hat, hat auch Geld für hungernde Kinder." Auch das ist richtig, und in diesem Abschnitt soll es nicht darum gehen, berechtigte Hilfsorganisationen oder deren Mitarbeiter, die ihre Zeit investieren, an den Pranger zu stellen. Sondern darum, auf die eigene innere Stimme zu hören und ihr zu vertrauen. Ich entscheide! Nach Abwägung der vorgetragenen Argumente und nicht nach bewusst eingesetzten indoktrinierenden Schlagworten, die an mein Mitleid oder gar an meine Schuldgefühle appellieren sollen. Letztendlich ist es so, dass zehn Euro im Monat den meisten Menschen nicht wehtun und anderen Menschen dafür umso mehr helfen. Doch es stellt sich die Frage: Will man das wirklich? Oder gibt man diese 10 € nur, weil man damit mal eben sein Gewissen beruhigt? Das schlechte Gewissen. Wir kennen es alle und oft erwischen wir uns selbst dabei, dass wir es mit einer einfachen Handlung zu beruhigen versuchen. Doch ist es dann wirklich das, was wir wollen? War es nicht einfach nur bequem, Ja zu sagen? Wie oft haben wir schon unsere Unterschrift und die Kontodaten hergegeben, nur, um weiteren Diskussionen aus dem Weg zu gehen?

Hier heißt es, standhaft bleiben, die Macht über meine eigene Meinung erkennen und sie vor allem finden. Eine kleine Hilfestellung bieten diese Fragen:

* Bringt es mich weiter, wenn ich in der Situation bejahe?
* Kann ich gar persönliche Vorteile daraus ziehen?
* Oder bringt sie mir vielleicht sogar mehr Nutzen als Vorteil?

In Bezug auf das Wursttheken-Dilemma und das Spenden, lassen die Antworten auf diese Fragen recht schnell erkennen, in welch unsinnige Ja-Konstrukte wir uns allzu oft begeben. Und daran sehen wir: Ja zu sagen ist häufig nicht effektiv, sondern lediglich vordergründig bequem.

Wir sagen ruckzuck Ja, weil wir Angst haben, dass uns Abgrenzung oder Ausgrenzung vorgeworfen werden oder weil wir selbst denken, dass wir uns ansonsten ausgrenzen. Und sei es aus dem gesellschaftlichen Konsens eine oder zwei Scheiben Wurst mehr zu kaufen, als gewollt.

Wir sagen viel zu spontan Ja, weil wir Angst haben verurteilt zu werden und übersehen dabei, dass wir uns damit weitere Verpflichtungen und Verantwortlichkeiten ins Haus holen. So haben wir womöglich in dem spontanen Moment in der Fußgängerzone, als wir alle Augen auf uns wähnten und deshalb die Beitrittserklärung für die Johanniter unterschrieben haben, nicht daran gedacht, dass wir bereits jede Woche 10 € in die sonntägliche Kollekte geben.

Dem Ja im Affekt sollten wir also auf jeden Fall genauso eine Absage erteilen, wie dem Ja aus einem schlechtem Gewissen heraus. Wenn man Ja zu etwas sagt, zu dem man eigentlich Nein sagen will, sagt man Nein zu sich selbst. Anfangs ist man sich seiner eigenen aufopfernden Rolle dabei noch gar nicht bewusst. Erst ganz langsam dämmert es, dass wir gar keine Hilfsangebote mehr machen müssen, da die Erwartungshaltung bereits dahingehend manifestiert ist, dass wir jederzeit „bei Fuß" zu stehen haben. Wofür machen wir das eigentlich? Ja sagen, obwohl wir Nein meinen? Aufopfern für etwas, weil man sich wünscht, dass noch etwas mehr dabei herausspringt? Die wenigsten Menschen handeln doch aus rein altruistischen Motiven. Aber selbst wenn, so hat auch das seine Ursache in dem Beweggrund Angst! Wir haben immer Angst, nicht zu genügen, Angst vor der Abweisung und Angst davor, etwas zu verlieren, was, wenn man es retrospektiv betrachtet, eigentlich schon lange nichts mehr wert war. Also ist es gut, wenn man sich so schnell wie möglich den Wert oder den Nutzen von etwas klarmacht. Das mag den Vorwurf von Egoismus oder Ignoranz nach sich ziehen, doch letztendlich ist es so: Wenn man andauernd die innere Balance verlässt und schizophren handelt, indem man Ja sagt aber Nein denkt, baut man sich damit selbst einen enormen Druck auf. Irgendwann glaubt man sich selbst nicht mehr und verfällt in einen Zustand notorischer innerer Unruhe. Und das macht schlicht und ergreifend, krank!

Gleiches gilt für das Nein als Protest. Das ist der Gegenpol. Niemand kann sich davon frei sprechen, nicht hin und wieder mal „trotzig" zu reagieren. Doch wenn dahinter eine generalisierte Abwehrhaltung steht, dürfte es an der Zeit sein, die Beziehung um die es geht grundsätzlich zu hinterfragen. Ganz egal ob es sich dabei um einen Freund, den Partner oder den Chef handelt.

Haben wir uns aber die obigen Fragen gestellt und in Ruhe nachhaltig beantwortet und sind zu dem Schluss gekommen, dass ein Nein angezeigt wäre, ist es wichtig, dieses Nein auch klar zu kommunizieren. Ein „Jein" hilft niemandem. Nehmen wir als Beispiel mal die Erziehung unserer Haustiere: Kommen wir da mit einem, „Ne", „vielleicht später" oder „Jein" weiter? Verstehen Tiere eine ambivalente Sprache? Nein. Tiere benötigen eine klare „Ansage". Die tut ihnen gut. Sie wissen dann ganz genau, was wir von ihnen wollen und empfinden eine sichere Beziehung, in der sie stabil funktionieren können. Die Kommunikation zwischen Menschen ist ungleich komplexer und entsprechend wichtiger ist die klare „Aussage". Darauf gehen wir noch in Abschn. 4.2 näher ein. Nun aber erst mal genug der blanken Theorie und mitten hinein ins Leben.

2.2 Das lebendige Nein

Die folgenden Interviews untermauern, dass Nein-Sagen nicht leicht ist und ein ständiger Lernprozess bleibt – dieser sich aber im Endeffekt lohnt! Die Namen der interviewten Personen wurden geändert, um deren Identität zu wahren. Die Fragestellung ist hier bewusst offen gewählt, um möglichst viel zu erfahren.

Interview mit Maria, 25, Freiberuflerin
In welchen Situationen sagst du zu oft Ja bzw. wann fällt es dir besonders auf?

„Ich merke dann, wenn ich zu oft Ja sage, wenn ich eigentlich gar keine Zeit gehabt habe, etwas zu tun bzw. wenn ich oft auch keine Lust hatte, etwas zu machen. Ich habe es dann aber dennoch gemacht und gemerkt, dass etwas, das mir ebenfalls wichtig war, liegen geblieben ist."

Wie fühlst du dich, wenn du Nein sagst, was macht das mit dir?

„Das kommt natürlich immer auf die einzelnen Situationen an. Meinen Freunden kann ich schwer Dinge abschlagen, weil ich natürlich ebenso von ihnen erwarte, dass sie für mich da sind. Allerdings gibt es für mich auch Unterschiede vom ‚Füreinander Dasein'. Es ist die eine Sache, wenn mich jemand bittet, ihm Medikamente zu bringen, wenn er krank ist und die andere, wenn mich jemand mitten in der Nacht wegen Liebeskummer aus dem Bett klingelt. Da ist es mir anfänglich auch schwer gefallen, Nein zu sagen. Doch mit der Zeit habe ich Übung bekommen, was nicht heißen soll, dass ich nun kategorisch immer Nein sage. Und was es mit mir macht – nun, ich denke, dass ich mich schon immer mal wieder erschrecke, wenn ich ein Nein so klar sage, weil man es von mir auch nicht gewohnt ist. Aber im Nachhinein fühle ich mich besser."

Dann ist es sicherlich auch ein Prozess gewesen, dass man das immer von dir erwartet hat, Ja zu sagen?

„Natürlich. Ich habe bisher fast nie Nein gesagt. Und ich finde, dass es mir auch ein Stück Selbstbewusstsein gibt, wenn ich es ausspreche und kommuniziere."

Wie hast du gelernt, Nein zu sagen?

„Ich würde es nicht unbedingt als kompletten Lernprozess beschreiben. Es ist mehr, dass es bei jedem Mal einfacher wurde, und ich auch mehr darüber nachgedacht habe, wie ich mich entscheide. Natürlich gibt es immer noch die intuitiven Entscheidungen, bei denen ich eigentlich gar nicht so sehr nachgedacht habe. Aber das bedeutet nicht, dass mich das beeinflusst hat, in anderen Situationen, nicht Nein zu sagen. Es hat auch ab und zu wehgetan, eventuell andere verletzen zu müssen, weil ich tatsächlich auf meine eigenen Bedürfnisse geachtet habe und das ist mir ein fast täglicher Begleiter geworden. Ich überlege genauer, höre zunächst in mich selbst rein und sage dann, was ich will. Es mag egoistisch klingen, aber nur durch diesen gesunden Egoismus konnte ich lernen, klare Botschaften zu senden und auch, mit meiner Entscheidung niemanden zu verletzen."

Wie wurde dein Nein bewertet?

„Da ich als eine Person bekannt bin, die eigentlich fast nie Nein sagen konnte, war es am Anfang erst mal wohl etwas befremdlich für diejenigen, die mich als jemanden kennen, der nie Nein sagt, auch mal genau das von mir zu hören. Doch mit der Zeit hab auch ich gelernt, meine Entscheidung zu begründen. Am Anfang hatte ich schreckliche Angst, dass ich mich damit selbst ins Aus schieße, doch erstaunlicherweise wurde es mit der Zeit immer leichter und besser und ich habe auch keine Ausgrenzung erfahren, sondern wurde ernst genommen, was mir wiederum sehr viel Selbstbewusstsein gegeben hat."

Wenn wir uns nun die erste Antwort genauer anschauen, so bestätigt sie, was wir in den vorangegangenen Kapiteln schon besprochen haben: Aktion und Reaktion wurden deutlich reflektiert und ein Nein hat negative Begleiterscheinungen. Warum gewinnt das Nein also trotzdem? Das Nein gewinnt, weil es die persönliche Freiheit wieder klar in den Vordergrund rückt, weil Standpunkte klar gemacht wurden und weil vor allem Zeit für persönlich wichtige Dinge wiedergewonnen wurde. Und was ist wichtiger, als Zeit, Ruhe und Kraft zu finden und wieder zu sich selbst zurückzukommen? Im Fall von Maria ist es klar: Sie ist als eine Person in ihrem Freundeskreis bekannt, die fast nie Nein sagt und somit wird von ihr erwartet, dass sie eigentlich immer Ja sagt. Ist es das, was Sie wirklich wollen? Dass Sie von Menschen fremdbestimmt werden, die Ihnen quasi durch die Blume zu verstehen geben, was Sie wann und wie zu tun haben? Denn nichts Anderes ist es, das in solchen Momenten passiert. Doch Übung hat schon immer den Meister gemacht und wie Maria es beschrieben hat, musste sie lernen, Nein zu sagen. Tenor ist dann, dass man sich mit der Gesamtentscheidung des Nein besser fühlt. Ein klarer Gewinn. Nichts ist schöner, als wenn man sich selbst und seiner Meinung treu geblieben ist. „Es hat wehgetan, andere verletzen zu müssen, weil ich selbst auf meine Bedürfnisse geachtet habe, aber nicht auf meine Bedürfnisse zu achten, bedeutete, die Achtung vor mir selbst zu verlieren" – eine sehr starke Aussage, die darauf zielt, das schlechte Gewissen im Zaun zu halten. Denn das schlechte Gewissen darf und soll keinen Platz mehr haben, nachdem wir eine Entscheidung getroffen haben. Zumal wir ja auch ganz ohne schlechtes Gewissen um Hilfe gebeten werden. Oft wird uns sogar noch freigestellt, wie wir uns entscheiden. Dann heißt es „Mach dir keinen Stress, wenn es nicht klappt" – doch im Endeffekt sind das bloß leere Floskeln. Da möchte ich doch meinen, dass auch die Bitte an mich selbst ehrlich herangetragen werden kann, ohne dass ich mich dann zwei Wochen lang für mein Nein entschuldigen und einen zu Rumpelstilzchen gewordenen Freund besänftigen muss.

Auf einen die Existenz sichernden Job übertragen, sieht die Sache noch etwas anders aus. Da geht es nicht nur um ein eventuell pathetisches Geben und Nehmen, sondern um oftmals knallharte Geschäfte. Da kommen vor allem Fragen auf, wie: Wann soll etwas fertig sein? Wie soll es gemacht werden? Wie viel Aufwand ist nötig, damit es zur vollen Zufriedenheit aller ist? Außerdem geht es im Job oft noch um mehr, darum, die unzureichenden Verhaltensweisen von Kollegen ausbügeln oder gar ausbaden zu müssen. All das macht eine klare Entscheidung nicht leichter, aber umso notwendiger. Denn in einer solchen Situation ein halbherziges Ja zu sagen, birgt erhebliche Risiken, die weiter in die Zukunft reichen und härtere Konsequenzen nach sich ziehen könnten, als nur eine beleidigte oder vorwurfsvolle Reaktion eines Freundes.

Sich am Ende aller Tage besser fühlen, frei sein, ehrlich sein, authentisch sein: Das ist es, was ich Ihnen aufzeigen möchte und genau das sehen wir auch am Beispiel des nächsten Interviews:

Interview mit Simone, 50, selbstständig, Unternehmensleiterin
In welchen Situationen sagst du zu oft Ja bzw. wann fällt es dir besonders auf?
„Ich sage zu oft Ja, wenn ich eigentlich zu wenig Zeit habe, in persönlichen Stresssituationen bin bzw. mich auch gerade intensiv mit etwas anderem beschäftigen muss oder will."
Wie fühlst du dich, wenn du Nein sagst, was macht das mit dir?
„Befreit, weil ich es mittlerweile ganz bewusst tue."
Wie hast du gelernt, Nein zu sagen?
„Durch viele Fachbücher in meiner Jugend. Und dann im Laufe dessen, dass ich für mein Kind Nein gesagt habe, da ich es dadurch auch für mich gelernt habe."
Wie wurde dein Nein bewertet?
„Oftmals sind Freundschaften auseinander gegangen und eigentlich immer negativ."
Wie vehement musstest du dein Nein dann erklären bzw. deine Argumente vorbringen?
„Anfänglich habe ich das gemacht, mittlerweile weiß ich, dass ich mich sowohl privat als auch im Beruf nicht mehr erklären muss. Manchmal erkläre ich es schon noch, damit keine Missverständnisse aufkommen, da man seinem Gegenüber ansehen kann, dass diesen die Entscheidung getroffen hat."
Inwiefern gibt dir ein Nein Selbstbewusstsein?
„Es gibt mir kein Selbstbewusstsein, sondern Freiheit. Wenn ich etwas ablehne, das ich nicht will, ist das für mich Freiheit, Ehrlichkeit und Authentizität."
Persönliche Freiheit und Ehrlichkeit – wichtige Stichwörter! Es wurde gelernt, nicht mehr unehrlich zu sein. Wie oft lügen Sie sich selbst an, weil Sie denken, dass Sie Ja sagen müssen, obwohl Sie es doch eigentlich gar nicht wollen? In manchen Situationen

ist es oftmals klug, Ja zu sagen, weil es einfacher ist. Dies scheint auf den ersten Moment schlüssig, doch wie wir bereits wissen, verkümmern wir innerlich, wenn wir uns verbiegen. Sie haben immer die Entscheidung in der Hand und können frei entscheiden, ob Sie etwas tun wollen. Sie können auch Ja sagen, aber dennoch Grenzen ziehen. Und diese Grenzen sind sehr wichtig, wenn Sie nicht wollen, dass Ihnen auf der Nase herumgetanzt werden soll. Denn wenn Sie das einmal mit sich haben machen lassen, ist das quasi schon oft der Idiotenfreifahrtschein dafür, dass Sie sagen „Ja klar, ich mach das! Ihr könnt alles von mir verlangen."

Das bewusste Nein wird hier auch angesprochen und das ist etwas, das langer Übung bedarf. Sie sagen nicht einfach nur Nein, weil Sie sowieso gelernt haben, Nein zu sagen, sondern tun es, weil Sie genau wissen, dass ein Nein Sie weiterbringen kann. Weiterbringen in Ihren persönlichen Belangen, sodass Sie aus diesem Nein Kraft für etwas Neues schöpfen können.

Im Interview sagt Simone, dass Freundschaften auseinander gegangen sind und dass das Nein meistens negativ beurteilt wurde. Dies zeigt aber eigentlich auch nur, dass diese Freundschaften das Nein nicht verkraftet haben und es letztendlich klug war, diese dann aufzugeben und sich stattdessen mit Menschen zu umgeben, die einem gut tun.

Interview mit Christina, 27, Studentin
In welchen Situationen sagst du zu oft Ja bzw. wann fällt es dir besonders auf?
„Wenn Leute mich um Gefallen bitten bzw. Sachen als selbstverständlich erwarten, die ich eigentlich gar nicht mag oder machen will."
Wie fühlst du dich, wenn du Nein sagst, was macht das mit dir?
„Es kommt darauf an, wie wichtig die Bitte der anderen Person ist. Lächerliche Bitten meines Mitbewohners, während meiner eigenen Prüfungszeit etwas Lapidares zu besorgen, konnte ich

guten Gewissens und leicht ausschlagen, weil sie für mich nicht wichtig waren in dem Moment. Es gab allerdings auch Situationen, deren Ausgang tatsächlich erhebliche und auch schlimme Auswirkungen hatten, als ich Nein gesagt habe. Da habe ich mir schon Gedanken gemacht und bekam ein schlechtes Gewissen, weil Freunde von mir meine Entscheidung falsch verstanden hatten und ich mir Sorgen gemacht habe, ob und wie sie mein Nein verstehen und akzeptieren konnten."

Wie hast du gelernt, Nein zu sagen?

„Ich musste lernen, Nein zu sagen bzw. muss es immer noch. Ich habe mich dazu zwingen müssen, dann Nein zu sagen, obwohl ein Ja auch kein größerer Aufwand gewesen wäre. Ich habe für mich festgelegt, Grenzen zu setzen, auch, wenn ich wusste, dass es vielleicht keinen großen Aufwand nach sich zieht, wenn ich Ja sage. Aber ich wusste in den Momenten dann schon, dass es nicht sinnvoll wäre, wenn ich Ja sagen würde und dass es mir nicht gut tun würde. Ich muss mich da immer noch aktiv dran erinnern und mich ermahnen, mehr auf mich zu achten."

Wie wurde dein Nein bewertet?

„Meistens waren die Leute ziemlich erstaunt und verblüfft, weil sie nicht damit gerechnet haben, da ich als freundlicher, offener und lustiger Mensch wahrgenommen werde und es auch bin. Somit sind sie es von mir nicht gewohnt, dass ich Nein sage. Sie fühlten sich oft vor den Kopf gestoßen und haben mit Unverständnis reagiert."

Wie vehement musstest du dein Nein dann erklären bzw. deine Argumente vorbringen?

„Es kam immer auf die Personen an. Bei einigen funktioniert das per se sehr gut, bei anderen habe ich ganz oft das Gefühl gehabt, gegen eine Wand zu reden."

Inwiefern gibt dir ein Nein Selbstbewusstsein?

„Wenn es kein Drama, dann ist es für mich eine schöne Bestätigung, wenn ich später drüber nachdenke und habe meinen Standpunkt durchgesetzt.

Ich habe erkannt, dass es gut für mich gut war, ohne meine Meinung wieder revidieren zu müssen. Vor allem, weil ich weiß, dass ich noch viel zu lernen habe, ist das schön zu sehen, dass ich es konnte. Es kostet mich zuweilen immens viel Kraft, Nein zu sagen. Demnach ist diese Bestätigung schön, weil ich sehe, dass ich es doch kann."

Die Entscheidungen zwischen Ja und Nein fallen nicht immer leicht, sondern bedürfen viel Übung. Christina hat ganz klar zwischen wichtig und unwichtig unterschieden, um für sich eine Entscheidung zu finden. Sie ist noch nicht komplett autark in Ihren Entscheidungsprozessen, sondern ihr hilft es Bestätigung dafür zu bekommen, ihren eigenen Standpunkt durchzusetzen. Diese Bestätigung ist richtig und wichtig und man kann nur jedem danken, der sie gibt, statt mit Vorwürfen aufzuwarten.

Denken Sie beim nächsten Mal daran, wenn Sie jemanden um etwas gebeten haben, was dieser ablehnte. Zeigen Sie ihm Ihre Wertschätzung, indem Sie ihm zurückmelden: „Ich habe dich um etwas gebeten und du hast abgelehnt. Das ist dein gutes Recht und du hattest ganz gewiss gute Gründe es zu tun. Ich werde dich trotzdem weiter mögen – und dich auch ganz gewiss immer mal wieder um etwas bitten. Nein, ich bin nicht beleidigt."

Natürlich werden Sie das mit Ihren eigenen Worten sagen und nicht so hölzern und gestelzt ☺ . Hauptsache ist, Sie tun es. Danke dafür. Es macht es jedem, der das Nein Sagen noch üben muss, ein klein wenig leichter auf seinem Weg!

Denn wie (auch) die folgenden Interviews zeigen, gibt es noch viel zu viel Unsicherheit, die nach Bestätigung sucht:

Interview mit Andre, 25, Student
In welchen Situationen sagst du zu oft Ja bzw. wann fällt es dir besonders auf?

„Das kann ich so gar nicht beantworten, weil das immer unterschiedlich ist."

Wie fühlst du dich, wenn du Nein sagst, was macht das mit dir?

„Es kommt natürlich immer auf die Situation an, daher kann ich das nicht verallgemeinern."

Wie hast du gelernt, Nein zu sagen?

„Ich musste das nicht lernen, weil ich es einfach immer gemacht habe."

Wie wurde dein Nein bewertet?

„Je nach dem, was der Gesprächspartner von mir will und welches Verhältnis wir zueinander haben, fiel das immer unterschiedlich aus."

Inwieweit gibt dir deine Entscheidung Selbstbewusstsein oder Selbstvertrauen?

„Wenn ich eine Entscheidung getroffen habe und dazu stehe, auch wenn der Gesprächspartner etwas anderes hören will, gibt es mir Selbstbewusstsein, ansonsten denke ich, dass es einfach eine ehrliche Antwort ist."

Interview mit Martin, 24, Student

In welchen Situationen sagst du zu oft Ja bzw. wann fällt es dir besonders auf?

„Wenn Leute mich um Hilfe bitten, sage ich zu oft Ja, vor allem, wenn Leute mich nach Gefallen fragen, bin ich ein ganz netter Mensch und im Nachhinein denke ich mir, dass ich da jetzt eigentlich gar keinen Bock drauf hatte."

Wie fühlst du dich, wenn du Nein sagst, was macht das mit dir?

„Ich habe oft ein schlechtes Gewissen und ein schlechtes Gefühl, weil ich das Gefühl habe, dass ich mich rechtfertigen muss."

Warum würdest gerne öfter mal Nein sagen?

„Weil ich oftmals meine persönliche Bedürfnisse doch über die der anderen stellen sollte, was mir einfach mehr Zeit und Raum für meine persönlichen Belange gibt."

Erinnere dich an die letzte Situation, in der du eine Bitte ausgeschlagen und Nein gesagt hast. Wie wurde dein Nein bewertet? Wie hat sich das angefühlt?

„Es wurde nicht positiv aufgenommen und es kam ein ‚Ja, ok'. Ich habe mich schuldig gefühlt und habe überlegt, ob ich nicht doch hätte Ja sagen sollen. Aber im Endeffekt war es für mich besser, Nein zu sagen."

Interview mit Johannes, 20, Auszubildender
In welchen Situationen sagst du zu oft Ja bzw. wann fällt es dir besonders auf?
„Wenn ich ehrenamtlich arbeite und ich an Wochenenden um Hilfe gebeten werde, zum Beispiel, um Technik aufzubauen, sage ich eigentlich immer Ja. Und auch, wenn mich meine Freunde fragen, ob ich mit ihnen Party machen will. Da fällt es mir besonders auf und ich sage auch zu oft Ja."
Wie fühlst du dich, wenn du Nein sagst, was macht das mit dir?
„Ich habe ein schlechtes Gewissen, vor allem, was die ehrenamtlichen Dinge angeht und bei meinen Freunden habe ich ganz oft das Gefühl, etwas zu verpassen."
Wie hast du gelernt, Nein zu sagen?
„Ich musste es definitiv lernen. Das habe ich dadurch, dass ich so oft Ja gesagt habe, bis ich nichts mehr auf die Reihe bekommen habe, was mir zuweilen auch immer noch passiert. Ich habe immer Ja gesagt und hatte dann keine Zeit mehr für irgendetwas Anderes bzw. meine persönlichen Belange und bin fast kollabiert."
Wie wurde dein Nein bewertet?
„Im Freundeskreis war es immer der Spruch ‚Hey, komm schon, lass uns was machen, sei kein Frosch.' Ehrenamtlich war nie jemand sauer, aber ich glaube, dass sie schon oft enttäuscht waren, weil sie auf mich gezählt haben, da sie meine Fähigkeiten schätzen und ich eben einige Dinge in dem Bereich kann, mit denen sie sich an keinen anderen wenden konnten."
Andre und Martin zeigen die ganze Skala dessen auf, was in einem Menschen abgehen kann, wenn man ihn um etwas bittet: Von „Ich tue was ich will" bis „Ich tue nur dann, was mir passt,

wenn die Konsequenz nicht bedeutet, dass ich danach mir selber nicht mehr passe."

Was die einen als rücksichtslos bezeichnen würden, „Ich habe es einfach immer gemacht", ist doch in Wahrheit nur eine Portion von gesundem Selbstbewusstsein und einem gesunden Ich-Bezug, der niemanden verletzt. Vor allem ist es ein Schutzmechanismus, der nicht erst im Erwachsenenalter geübt werden musste, sondern der im Rahmen der Sozialisation offenbar eingepflanzt wurde – im besten aller Bedeutungen! Andre hat gelernt guten Gewissens für sich zu sorgen und stellt maximal die an ihn herangetragene Frage in Frage, aber niemals sich und seine Entscheidungsfähigkeit!

Ganz anders Martin. Bei ihm steht nicht seine Entscheidungs- und Abwägungskraft im Vordergrund sondern sein Gewissen. Und ein Nein ist ursächlich mit einem solchen schlechten verknüpft, weil er es mit Abwehr und Negation verbindet. Seine Erziehung hat ihn zum Ja-Sager gemacht und er hat es dadurch viel schwerer zu dem zu finden, was ER möchte. Aber es geht. Schritt für Schritt! Für sein Interview bekommt er ein Rezensionsexemplar dieses Buches, und es wird ihm genau wie Ihnen helfen auf seinem Weg.

Eine weitere Komponente, die der Schmeicheleien, taucht hier auf. Jemand sagt einem, dass man etwas ganz besonders gut kann (siehe Fall von Johannes) und sicher ist es ein gutes Gefühl, gelobt zu werden. Doch darin liegt auch eine Gefahr, dem Lob nachzugeben und sich in den Schmeicheleien zu suhlen. Jeder ist gerne gut in dem, was er macht. Wenn es jemand so formuliert: „Kannst du das bitte machen? Du kannst das am besten!", dann möchten Sie nicht gerne Nein sagen, oder? Genau da sollten Sie aber konsequent sein, das Lob ausblenden und abwägen, ob es der richtige Zeitpunkt und die richtige Entscheidung ist, Ja zu sagen. Und wenn Sie Zweifel haben, scheuen Sie sich auch in solchen Situationen nicht, Nein zu sagen, selbst wenn Sie das Erbetene noch so gut könnten. Was natürlich nicht heißen soll, dass

Sie von diesem Zeitpunkt an alle Bitten der Person hinsichtlich Ihrer Fähigkeiten abschlagen, denn das ist ebenfalls nicht richtig. Ein gesundes Mittelmaß zu finden, ist essentiell.

Grenzen ziehen, gute Entscheidungen treffen, sich selbst darüber bewusst sein, dass man der Kopf der Entscheidung ist, dass man sich selbst nicht in den Hintergrund drängen darf und selbst nicht anzweifeln sollte – sagte ich das schon?

Gehen Sie nur dann der Bitte nach, wenn Sie sich wirklich sicher sind, dass Sie es wirklich machen können und wenn alle Zweifel ausgeräumt sind. Haben Sie Zeit? Haben Sie die Kraft? Stellen Sie dafür nichts Wichtiges in den Hintergrund? Können Sie die Zeit aufwenden, ohne dass Ihnen dadurch persönliche Nachteile entstehen? Wenn Sie all das mit Nein beantworten können, findet sich eine ehrliche, authentische und freie Entscheidung. Finden Sie Ihre Balance zwischen Egoismus und Solidarität!

Literatur

Focus (Hrsg) (2014) Produkte, Filialen, Marktmacht: Das unheimliche Geflecht der Supermarkt-Riesen. http://www.focus.de/finanzen/news/so-kaufen-wir-ein-schlechtere-qualitaet-weniger-auswahl-wie-diese-vier-supermarkt-riesen-unseren-einkauf-diktieren_id_4159487.html. Zugegriffen: 17. April 2015

3

Die Macht des „Nein" oder: „Nein" erleichtert

So simpel wie wahr: Indem eine Bitte an uns herangetragen wird, ist unsere Antwort freigestellt. Also lassen Sie uns über den Freien Willen und die Verantwortung sprechen, die wir tagtäglich übernehmen. Jeder Mensch hat einen „Freien Willen" und vor allem einen Verstand, den er benutzen darf und sollte. Jeder Mensch verfügt in seinem Wortschatz über ein Ja und ein Nein. Da ist es doch nur logisch, dass auch jeder Mensch frei über den Einsatz beider Antworten verfügen darf. Wir haben das Recht, uns frei zu entscheiden, diese Entscheidung frei zu kommunizieren und uns nicht dafür rechtfertigen zu müssen.

3.1 Individuell

Aber wie frei sind wir eigentlich in unseren Entscheidungen oder wie können wir uns frei machen? Wer definiert Freiheit für uns? Was ist die grundlegende Idee der Freiheit und wie können wir diese durch ein Nein erreichen? Das mag zunächst paradox klingen, weil ein Nein oftmals auch als Ablehnung und Einengung gesehen werden kann – wie kann dann dadurch so etwas wie Freiheit evozieren? Man sagt ja ganz oft, dass, wenn jemand frei ist, somit auch tun kann, was und wie er es will. Damit sind allerdings einige Kausalitäten verbunden, nicht zuletzt auch viele

Entscheidungen, die wir treffen müssen und die letztendlich immer auch etwas mit einem Ja oder Nein zu tun haben.

Manchmal kriegen wir also gar nicht mehr mit, wenn wir uns haben einengen lassen oder uns gar unfrei fühlen. Wann haben Sie das letzte Mal aus freien Stücken eine Handlung vollzogen, weil Sie es auch wollten und nicht um die Erwartungshaltung Ihres Gegenüber zu befriedigen? Wir erreichen das Gefühl von Unabhängigkeit nur, solange wir das machen, was wir aus freien Stücken heraus wollen.

Nicholas Chamfort sagte: „Die Fähigkeit, das Wort ‚Nein' auszusprechen, ist der erste Schritt zur Freiheit." Und Freiheit bedeutet Macht. Wenn wir sie erkennen und leben. Macht hat viele Facetten und vor allem ist es wichtig, mit dieser gut umgehen zu können. Ist es nicht so, dass jeder Macht haben will und dass Macht auch natürlich etwas in uns auslöst, das vielleicht neu, anders und gut ist? Sie haben die Fähigkeit, die Autorität und vor allem den Freien Willen, Macht auszuüben; Sie haben die Fähigkeit Nein zu sagen. Und Sie haben die Verantwortung dafür die Entscheidung für oder wider zu treffen. Es ist nicht die Verantwortung der Bitte gegenüber, sondern sich selbst gegenüber. Es ist die Frage:

Wie viel Verantwortung übernehmen wir für uns selbst und wie gehen wir dann mit dieser um? Was bringt es uns, wenn wir entscheiden und Ja gesagt haben, aber mit dem Ergebnis nicht zufrieden sind und zurückrudern? Nichts. Im Gegenteil, denn dann ist die Unzufriedenheit vorprogrammiert. Deshalb müssen wir lernen, sachlich abzuwägen, statt einzig auf unsere Gefühle zu hören. Diese bewegen uns, wie wir gesehen haben, immer mal wieder zur bequemen Zustimmung, damit wir unsere Ruhe haben. Sie machen den Freien Willen sozusagen mundtot und damit unfrei. In der Konsequenz führt dies zur Abgabe der Eigenverantwortung, was die Einflugschneise ebnet ausgenutzt zu werden (Abb. 3.1).

Abb. 3.1 Mehrarbeit macht Spaß?

Angenommen Ihr Chef gibt Ihnen eine Aufgabe bis zu einem gewissen Zeitpunkt und Sie wissen genau, dass Sie diese Aufgabe nicht erledigen können, weil von Ihnen etwas Unmögliches verlangt wird, Sie Überstunden machen müssen, sich verbiegen müssen und Ihnen dadurch Nachteile entstehen, die bis in Ihr Privatleben greifen. Sie wissen, dass Sie es nicht machen wollen und dass ein Nein zwar keine Kündigung nach sich ziehen wird, aber zumindest Komplikationen und Diskussionen. Vielleicht sogar Herabsetzung oder gar Häme und Unverständnis der Kollegen.

Aber MUSS das wirklich so sein? Oder ist es nicht in erster Linie ein Szenario in Ihrem Kopf? Ja, es gibt sie, die Chefs, die selbigen ihren Mitarbeitern abreißen, wenn sie nicht robotermäßig agieren und funktionieren. Aber dann haben Sie vermutlich ein ganz anderes Problem, als „nur" das des nicht gut Nein sagen Könnens… Dann empfehle ich Ihnen gute „Ich arbeite um zu leben und ich lebe nicht um zu arbeiten"-Literatur…

Was, wenn Sie einmal versuchen Ihre Synapsen neu zu verdrahten. Indem Sie sie einer guten Erfahrung aussetzen. Sie sagen

Nein zu Ihrem Chef. Damit verblüffen Sie ihn. Sie tragen ihm Ihre Argumente vor. Er hört sie sich an, trotzdem schwingt er womöglich die Keule und stellt Ihre Loyalität in Frage. Das alles lassen Sie geschehen, immer mit dem Wissen, dass Sie die Aufgabe auch anders oder zu einem anderen Zeitpunkt, mit einem anderen Energieaufwand erledigen können. Und diese erste, verblüffte Reaktion Ihres Chefs, könnte Ihnen durchaus zum Vorteil gereichen. Denn Sie haben dadurch eine Haltung gezeigt, die nicht von Ihnen erwartet wurde. Sie haben demonstriert, dass Sie stark und selbstbewusst sind. Sie haben sich damit Respekt verschafft, wenn dies auch nicht immer sofort gespiegelt wird. Doch, wenn Sie konsequent Haltung zeigen, wird Ihnen das auf Dauer Macht geben. Keine Macht andere herumzukommandieren oder ab jetzt alleine den Weg vorzugeben. Nein, es ist die Macht, die von Menschen ausgeht, die authentisch sind, die zu sich stehen und das auch ins außen tragen.

Das ist besonders wichtig, denn auch, wenn Sie vielleicht in einem Angestelltenverhältnis arbeiten, heißt das nicht automatisch, dass Sie der Depp vom Dienst sein müssen oder keine eigene Meinung haben dürfen. Und genau darin liegt die Crux: Eine eigene Meinung haben, diese begründen können, sich selbst hinter die Meinung zu stellen und damit Macht demonstrieren. Und hierbei ist es ganz wichtig, dass es nicht eine pure Machtdemonstration ist, um zu zeigen „Seht alle her, ich bin so toll", sondern dass Sie selbstbewusst signalisieren, dass Sie auf sich achten, dass Sie sich selbst Freiheit einräumen und Ihrem Gegenüber auf Augenhöhe begegnen. Auch Ihrem Vorgesetzten, Ihren Kollegen oder wer auch immer Ihnen gegenüber einen Wunsch äußert.

Es geht also nicht nur um die pure Machtausübung, sondern darum, was damit einhergeht und dass wir uns damit abgrenzen und zeigen, dass unsere Entscheidung absolute Berechtigung hat. Sicherlich, man trifft auch Fehlentscheidungen, aber ganz oft ist es doch so, dass Sie sich sagen: „Hätte ich doch bloß nicht Ja gesagt, dann hätte…" Ja, das große Hätte, Wäre, Könnte, Sollte.

Das wird Ihnen bekannt vorkommen. Wieso das immer noch etwas mit Macht zu tun hat und warum ein Nein so mächtig sein kann? Weil es Ihnen Selbstbewusstsein gibt. Und weil es sie frei macht, andere, wichtigere Dinge zu tun.

Wenn man immer Ja sagt, obwohl man Nein meint, verbiegt man sich innerlich fürchterlich. Dann haben wir zwar gelernt uns anzupassen, so dass wir möglichst nicht auffallen. Sind zur Marionette geworden und ein anderer übernimmt und zieht die Fäden in unserem Leben.

Aber welchen Wert hat denn dann überhaupt noch das Ja, wenn man komplett verlernt hat, Nein zu sagen?

3.2 Kollektiv

Unser individuelles Nein ist das eine, und es ist das was uns am nächsten steht und dennoch am schwersten fällt. Doch gerade in unserer Demokratie, die unseren Freien Willen gewährleistet und bewahrt, gibt es auch so etwas wie ein kollektives Nein. Indem ich Ja zu einer bestimmten Partei sage, negiere ich die anderen. Ich habe die Möglichkeit Petitionen zu unterschreiben oder noch aktiver, initiativ auf den Weg zu bringen, die sich gegen gesellschaftspolitische Sachthemen wenden. Ich kann von meinem Recht auf freie Meinungsäußerung und Versammlungsfreiheit Gebrauch machen und mich Organisationen anschließen, die viele Menschen bündeln und meine Meinung kundtun. Darin drückt sich eine noch größere Macht des Nein aus. Ein gemeinsam artikuliertes Nein verbindet und übt Druck aus.

Aus einer Bewegung die sich gegen etwas richtet, kann wiederum eine Gegenbewegung erwachsen, die sich FÜR etwas in Bewegung setzt. So positionierte sich bspw. die PEGIDA thematisch gegen die „Islamisierung des Abendlandes" und die daraus entstandene No-Pegida, eine Koalition der unterschiedlichsten

Gruppierungen und Parteien, die ansonsten niemals unter „einer Flagge" marschierten, bewegten Zigtausende von Menschen, die sich mit einer offenen Gesellschaft solidarisierten. Sie haben im Kollektiv Grenzen gesetzt, wo der Staat es nicht hätte tun dürfen. Denn das Recht auf freie Meinungsäußerung ist eines unserer höchsten Güter. Letztlich wurde die PEGIDA somit mit ihren eigenen Mitteln geschlagen – mittels eines selbstbewussten Nein von der Straße.

Ob es also heißt: „Atomkraft, nein Danke!" oder „Je suis Charlie", das kollektive Nein kann auch ein probates Mittel sein, sich für das individuelle Nein zu rüsten. Lernt man in der Gruppe zu interagieren und vor allem zu diskutieren, tritt man frech fröhlich frei in Debatten mit anderen Gruppen anderer Meinung ein, macht das stark für die Auseinandersetzung mit sich selbst. Und den Mut nicht nur für andere, sondern gerade auch für sich einzustehen. Und natürlich umgekehrt!

3.3 Medial

Kaum eine andere Welt hat momentan so viel Macht, wie die virtuelle. Sie bringt Start-ups hervor, die innerhalb kürzester Zeit zum Millionenseller werden. Und in kaum einer anderen Wirtschaftswelt kann man genauso schnell in luftige Höhen aufsteigen, wie man die Leiter auch wieder hinunterfällt. Da gilt es stetig am Ball zu bleiben. Die Nase in die Luft zu halten. Und mit dem Wind zu segeln. Das Schwimmen gegen den Strom verspricht bestraft zu werden. Wie kann einem da ein Nein über die Lippen kommen, real oder in übertragenem Sinne? Es geht…

Ein Wandel hat bereits stattgefunden und ist noch in vollem Gange findet: Junge Menschen sagen Nein zum Fernsehen und gestalten ihr eigenes Programm auf einer Plattform, die ein Millionenpublikum erreicht und das tagtäglich. Sie wissen, was sie wollen, erarbeiten eigene, gute Konzepte und haben dabei eine standhafte, eigene Meinung, die fernab von Rosamunde Pilcher, der Tagesschau und mehr oder weniger guten Tatorten ist. Es gibt keine vorgegebenen Skripte, keine Masken, die sie aufsetzen, um glanzfrei auf dem Bildschirm zu erscheinen. Was wirklich zählt bei denen, die YouTube nicht nur als Plattform sehen, um nette Katzenvideos zu schauen, ist die Freiheit das zu tun, was sie wirklich tun wollen. Und vor allem die Freiheit, Inhalte selbst zu gestalten, sich nicht verbiegen zu müssen. Eine Stimme zu haben gegen etwas, das sowieso viele nervt. Ein Nein zu positionieren, wo es angebracht ist. Einige dieser YouTube-Karrieren wollen wir uns mal näher ansehen:

Bekannt geworden ist er durch YouTube mit seinem Format „LeNews", auf dem er Nachrichten schnittig aufbereitet und diese seinen Zuschauern mit einer Menge eigener Meinung, viel Intelligenz und einer gehörigen Portion schwarzem Humor präsentiert: LeFloid, bürgerlich Florian Mundt, betreibt seinen Kanal seit einigen Jahren. An der Humboldt-Universität studiert er Psychologie und Rehabilitationspädagogik, spezialisiert auf Kinder, Jugendliche und Sprachstörungen. In der jüngsten Zeit wurde ihm immer mehr Aufmerksamkeit zuteil, da er sich für mehrere Kampagnen einsetzte, in Talkshows auftrat, das Projekt „Loot für die Welt" ins Leben rief und unter anderem zweiter Vorsitzender des Vereins 301 + ist. Er ist einer der größten Internetphänomene der letzten Zeit. Nun kommen wir zum Nein. Auf seiner Website steht folgendes:

Beispiel

„Wir sind Netzwerker. Kein Netzwerk. Wir sind ein Freundeskreis. Keine Crosspromomaschine. Wir sind ein Verein. Kein gewinnorientiertes Unternehmen. Wir möchten ein Raum sein. Für kreative Ideen, die individuelle Entwicklung der Vereinsmitglieder und die Zukunft der YouTube Szene in Deutschland. Wir

> möchten keine Konkurrenz sein. Für Niemanden. Auch nicht
> für Netzwerke. Einige unserer Mitglieder sind in Netzwerken
> eingebunden. Andere nicht. Wir möchten einen Unterschied
> machen. Netzwerkübergreifende, unabhängige Projekte rea-
> lisieren und uns gegenseitig unterstützen. Wir kommen aus
> einer Zeit, in der mehr als 300 Aufrufe noch 301+ hieß. In der
> YouTube ein Medium für Kreative war, die nach dem Motto
> ‚broadcast yourself', nicht ‚let others broadcast you' lebten. In
> der YouTuber noch Macher waren, nicht Stars. Die Zukunft ist
> spannend. Und wir freuen uns auf das, was die Szene erwartet.
> Aber wir möchten die Zukunft mitgestalten. Und dafür einige
> der ‚guten alten Dinge' bewahren, die uns bis heute begeistert
> haben. Wir sind wir. Und nicht die Anderen."

Was hat das nun mit dem Nein-Sagen zu tun? Viele YouTuber, junge Menschen, die eine Karriere anstreben und damit auch erfolgreich sind, so wie Florian Mundt, sind Mitglied von Netzwerken, die den YouTubern dabei helfen, erfolgreich zu werden, Content zu verbreiten und bekannt zu werden. Dabei verdienen sowohl die Netzwerke als auch die YouTuber Geld, das steht außer Frage.

Florian Mundt war bis vor kurzem Mitglied eines dieser Netzwerke und hat sich dann dazu entschieden, Nein zu sagen. Nein zu etwas Großem, das ihm einstmals dazu verholfen hat, bekannter zu werden. Doch der Preis war hoch. Irgendwann hielt er nichts mehr davon, sich diktieren zu lassen, was er genau machen sollte. Also hat er die Kündigung beim Netzwerk Mediakraft eingereicht. Ein gewagter Schritt, doch ein Schritt in die richtige Richtung. „Im Prinzip sollten sie eine Spielwiese für kreativen Austausch sein. Bei mir war es im Endeffekt irgendwann so weit, dass ich erkannt habe, dass ein Netzwerk nicht mehr als ein gewinnorientiertes Unternehmen ist, das auch nicht mal ansatzweise daran interessiert ist, die kleinen YouTuber zu unterstützen und zu promoten, sondern die Großen noch größer zu pumpen, was die mediale Aufmerksamkeit betrifft, um den eigenen Netz-werk-Wert zu erhöhen. Studio71 hat Gronkh und Mediakraft hat Y-Titty und das wird immer ein Schwanzvergleich bleiben. Schade eigentlich."

Es mögen harte Worte sein, die Mundt findet, doch hat er nicht auch Recht mit dem, was er sagt? Hier wird deutlich, was ein Nein, verbunden mit einer Reichweite vor allem junger Zu-schauer, bedeuten kann. Jemand, der Ruhm im Internet im Jahr 2015 genießt, hat eine wahnsinnig große Verantwortung. Die er erfüllt, indem er darauf beharrt, dass es seine eigene Meinung ist, die er äußert. Er erreicht damit vor allem ein junges Publikum und sorgt für Aufklärung in der medialen Welt. Regt dazu an, sich nicht alles einfach so vor die Nase setzen zu lassen.

Mit der Aussage von 301 + könnte kein deutlicheres Nein gesprochen werden. „Wir sind nicht" wird hier zur geflügelten Aussage mit der ganz klaren Nachricht: Wir wollen etwas anders machen und dafür müssen wir zu gewissen Dingen Nein sagen. Dies erfordert Mut, Reife und Selbstbewusstsein. Sich gegen et-was Großes zu stellen und dies öffentlich zu machen, das vielen anderen Menschen gefällt, bedeutet vor allem auch Kraft.

Auch der YouTuber Simon Unge hat Nein gesagt zum Netz-werk Mediakraft. „Die schwerste Entscheidung meines Lebens, #Freiheit" hat er sein Video genannt, welches er im letzten Jahr auf seinem Kanal hochgeladen hat. Freiheit, weil er sich nicht mehr den Auflagen beugen wollte, Freiheit, weil die Meinungs-verschiedenheiten zu groß waren. Und weil er sich selbst und seinen Fans treu bleiben wollte. Simon Unge hat zwei Kanäle aufgegeben, mit denen er eine Menge Geld verdient hatte. Er sagt in seinem Video, dass er diese Entscheidung alleine für sich aus persönlichen Gründen getroffen hat und dieses Video auch fol-genschwere Konsequenzen haben kann. Er hat damit Nein gesagt zur Geschäftsführung und zu einem Unternehmen, welches ihn einmal weit nach vorne gebracht hat. Er hat Nein gesagt, weil er sich nicht mehr wohl gefühlt hat. Nein, weil seine persönlichen

Belange eingeschränkt wurden. Hier wurden Grenzen gezogen und dies möchte ich Ihnen als Beispiel dafür geben, wie wichtig es ist, auch schon in jungen Jahren Entscheidungen zu treffen, die weiterführend sind. Weil man sich selbst immer wichtig sein sollte, statt danach zu streben immer das zu tun, was einem gesagt wird, weil es „vielleicht besser ist". Hier verbinden sich sehr persönliche Ansichten, Bedingungen und Werte mit beruflichen. Gerade in solchen Dingen, die so eng miteinander verknüpft sind, muss viel überlegt und abgewogen werden, was wichtig ist.

Denn Nein zu sagen zu Geld und damit einer vordergründig sicheren Zukunft, ist definitiv nicht die leichteste Übung. Das Nein wird zum persönlichen Qualitätsmerkmal. Das Nein ist nicht trotzig, kindisch, sondern wohlüberlegt, ernsthaft, authentisch und wird aus vielen guten Gründen heraus getroffen. „Eine eigene Meinung ist so ziemlich das Wichtigste", das man irgendwie haben kann in unserer „aufgeklärten", „zivilisierten" Welt. Ich hab einfach festgestellt, dass die Leute, die meine Videos schauen, unglaublich übersättigt sind vom reinen Konsumieren. Wenn man dann hingeht mit einer starken Meinung und ein Thema wirklich aufgreift, dann hat man sehr schnell das Gefühl, dass die Leute sich denken „Moment, Moment, Moment, Moment! Warum sagt er das? Was hat er da überhaupt gesagt? Warum sagt er das so? Und dann fangen sie an in ihre Tasten zu hauen. Es geht tatsächlich mehr ums Interagieren, ums Teilhaben, ums Mitmachen."4

„Es wäre so cool, nebenbei mit dem, wo man Bock drauf hat, Geld zu verdienen." Das sagt Simon Unge in der Reportage von N24. Aber er nimmt auch Stellung zu dem, was er in seinem Video „Die schwerste Entscheidung meines Lebens. #Freiheit" gesagt hat und in dem er mit dem YouTube-Netzwerk Mediakraft abgerechnet hat. „Ich möchte in meinem gesamten Leben nie wieder etwas mit euch [Mediakraft] zu tun haben. (…) Ich möchte mich nicht wie das letzte Stück Dreck behandeln lassen."5 Er spricht des Weiteren darüber, dass er durch sein Nein zum Netzwerk seine Existenz aufs Spiel gesetzt hat, aber dass ihm sein Stolz und seine Würde mehr wert sind als Geld.

Hier hat es mal jemand richtig gemacht und sich nicht leiten lassen vom Geld und dem was ihm eine sichere Existenz garantiert hätte. Nichts wächst so schnell wie YouTube, nichts bewegt sich so schnell. Und es ist tatsächlich ein kleines Wunder, was sich da die letzten zehn Jahre entwickelt hat. Junge Menschen bringen ihr Herzblut mit in ihre Projekte, sind kreativ, bauen sich unbeschreiblich positive Dinge auf und treffen immer wieder Entscheidungen. Bei einem solchen Geschäftsmodell und in einer solchen Branche geht es ausschließlich darum, Entscheidungen zu treffen, die einen voranbringen. Dies schließt auch Entscheidungen ein, die vielleicht nicht immer ganz mit allen anderen Dingen konform gehen und mit denen man auch anderen Menschen „auf die Füße" tritt. Aber man muss nicht immer alles so machen, wie andere das von einem erwarten, sondern sollte eben auch etwas riskieren, was im ersten Moment schwierig erscheint, unmachbar oder auch unbequem.

Wir wähnen uns ganz gerne in Sicherheit und sicherlich kennen Sie es auch: Es ist schön, wenn man sich für den einfacheren Weg entscheiden kann und dabei nichts auf der Strecke bleibt, zumindest vorerst nicht. Doch was bringt es einem, wenn man sich selbst nicht treu bleiben kann oder sich verbiegt, nur damit andere einen gerne so hätten, wie sie es sich vorstellen? Davon hat man gar nichts und es tut einem auch nicht wirklich gut, weil man genau weiß, dass man selbst auf der Strecke bleibt und womöglich auch ein Teil von einem selbst kaputt gehen wird. Das ist gewissermaßen tragisch und darf so nicht passieren. Deswegen ist die Entscheidung für das Nein in so vielen Situationen so wichtig.

Ein weiteres Beispiel, ebenfalls aus dem Bereich YouTube: das Comedy-Trio Y-Titty. Y-Titty machen seit 2006 Videos auf YouTube und sind das erfolgreichste deutsche Trio mit über drei Millionen Abonnenten auf der Videoplattform. Das ist beachtlich, wenn man bedenkt, dass YouTube ein Jahr vorher überhaupt erst gestartet ist. Sie haben immens viel mediale Aufmerksamkeit erfahren, haben enorme Erfolge gefeiert und sich eine Community aufgebaut, die bedingungslos hinter den „Jungs" steht. Ihre Videos wurden millionenfach angeschaut und sie wurden einem breiteren Publikum im Laufe der Zeit immer bekannter. Mit dem Erfolg kam auch die Erweiterung des Teams und damit eine erste Tour, eine zweite wurde für dieses Jahr geplant. Sie haben sich damit jedoch verschätzt, weil andere, wichtige Projekte anstanden und sie Prioritäten gesetzt haben. Unter ihren Fans finden sich vornehmlich Kinder und Teenager im Alter von 11 bis 20 Jahren. Am 20. Januar 2015 posteten sie folgenden Text auf ihrer offiziellen Facebook-Seite:

Beispiel

„Jo Y-Crew!
   Übers Wochenende haben wir noch nochmal sehr intensiv nachgedacht und einen Entschluss gefasst:
   In letzter Zeit ging es wirklich turbulent bei uns zu. Wir waren in einem Sog von geilen Ereignissen und sind von einem Erfolg zum nächsten gestürmt. Das war auf jeden Fall die bisher geilste Zeit unseres Lebens, aber es war auch eine unglaubliche Geschwindigkeit, die uns teilweise einfach zu krass war. Daher haben wir dann im Sommer die Pause eingelegt und gemerkt, dass seitdem wieder alles genau in die richtige Richtung geht: Wir haben wieder Spaß – nicht nur an den Erfolgen, sondern an den Videos und der Comedy an sich. Wir haben wieder einen Blick von außen bekommen und sehen die Dinge klarer. Und das Video am letzten FreiTITTYTag hat uns gezeigt, wie sehr ihr hinter uns steht. Deswegen haben wir uns entschieden, dass wir euch nur noch das geben wollen, was ihr verdient: Content und eine Show, hinter der wir zu 100 % stehen.
   Wir haben gemerkt, dass wir das bei der Tour dieses Jahr nicht können. Wir wollten eigentlich eine komplett neue Show entwickeln, wir wollten ein neues Album raus bringen, wir wollten den Trommler mit Drahtseilen als Engel über die Menschen

fliegen lassen, aber für all das braucht man 'ne Menge Zeit. Wir haben verdrängt, dass noch eine riesige Tour ansteht und jetzt stehen wir vor einer Situation, wo wir halbe Sachen machen müssten. Denn, wie ihr ja alle wisst, arbeiten wir auch an unserem eigenen Film. Wir haben uns daher entschieden, die Tour dieses Jahr nicht zu machen, denn wir finden, für das Geld hättet ihr eine komplett neue Show mit neuen Songs und geiler Performance verdient. Deswegen finden wir es besser, wenn ihr euer Geld zurück bekommt und auf ein anderes Konzert geht, oder irgendwann wieder auf eins von uns, wenn wir auch wirklich die Zeit haben, es ordentlich vorzubereiten.

Das Geld bekommt ihr an eurer Vorverkaufsstelle zurück. Wenn ihr über Eventim, Ticketcorner (Schweiz) oder Oeticket (Österreich) gekauft habt, bekommt ihr automatisch eine Mail.

Tut uns aufrichtig leid. Eigentlich hätten wir das früher wissen müssen. Wir sind einfach noch jung und haben mit unseren Träumen die Realität etwas falsch eingeschätzt. Eigentlich bräuchten wir so ein Ding wie Hermine es in ‚Harry Potter' hat, mit dem man durch die Zeit reisen kann. Wenn das jemand also erfinden könnte, wäre das sehr nett!

Wir wünschen euch trotzdem 'ne schöne Woche und halten euch mit dem Film natürlich auf dem Laufenden.

Ihr seid die Besten!

Liebste Grüße,

eure Tittys"6

Ein ganz klares Statement und ein großer Schritt in eine sehr waghalsige Richtung. Damit verlieren sie natürlich nicht nur eine Menge Einnahmen, sondern riskieren auch Abonnenten und Zuschauer zu verprellen. Doch sie kündigen etwas Großes an, etwas, das Zeit braucht. Sie sagen Nein zu der Tour und zu etwas, das vielleicht nicht gut werden könnte und ziehen Konsequenzen. Denn das ist auch etwas, das man lernen muss im Zuge des Nein-Sagens: Konsequenzen ziehen, auch, wenn das manchmal wehtut.

Und Sie sorgten für teils massive Reaktionen:

„Seid ihr eigentlich komplett bescheuert?! Meine Schwester bricht heulend zusammen, weil sie die Karten seit Monaten hat und sich genauso lange darauf freut. Sie liebte euer erstes Konzert und liebt euch! Ihr ist es scheiß egal, wie viele Videos kommen, denn sie dachte mit der Show könnt ihr wieder alles rausholen. Scheiß auf neue Songs und neue Einlagen. Ihr macht eure Fans glücklich, nur mit eurer Anwesenheit! Auch wenn euch das nicht genug ist, eure treuen Zuschauer wären glücklich, nur euch auf der Bühne live zu sehen und mit euch Zeit zu verbringen. Egal was ihr da macht. Ich weiß, ich braucht auch Zeit, aber weiß man das nicht früher, dass es zu viel wird??! Dass ihr keine ZEIT für Konzerte habt?! Dass ihr zu ‚jung‘ seid, um das alles zu erleben? Auch wenn sie ihr Geld zurückbekommt, löscht es nicht ihre Schmerzen… Nicht die Schmerzen, die jeder Fan gerade spürt… Aber das zeigt, dass ihr wirklich nicht alt genug seid, um so etwas zu planen und zu machen, denn Reife zeigt sich daher, dass man alles genauestens überdenkt und erst überlegt und dann handelt."

Hier zeigt sich viel Wut, viel Unverständnis und natürlich wird es quasi ungefiltert abgeladen. Das ist unfair und diesen Zug erleben wir ganz oft bei den Menschen in unserem Umfeld. Es tauchen Beleidigungen auf, persönliche Angriffe sind schnell geschrieben und natürlich schlägt das dann direkt um. Ein sehr klassisches Beispiel dafür, dass ein Nein nicht ankommt bzw. die Entscheidung für das Nein bei einer Sache nicht angenommen wird. Das ist ebenfalls ein Prozess, der erlernt werden muss und der wichtig ist, damit ein Konsens gefunden werden kann. Es zeugt von Unreife und offenbar auch von keinem großen Selbstbewusstsein, dass man Dinge nicht hinnehmen kann. Sicherlich ist es wichtig, eine eigene Meinung zu haben und diese auch durchaus zu vertreten und zu sagen „Nein, ich bin damit nicht einverstanden", doch gehört es eben auch dazu, ein Nein zu akzeptieren. Das ist ein genauso großer Lernprozess wie das Nein-Sagen an sich.

Wir bleiben in der virtuellen Welt, aber verlassen die Welt der Bunten und Bekannten und wenden uns wieder uns selbst zu. Und zu einer Welt, die immer mehr Raum eingenommen hat. Facebook. Was anfangs noch relativ harmlos schien, wurde innerhalb kürzester Zeit zu einem immensen Teil unseres Lebens. Was anfangs noch eher unter den Jugendlichen „in" war, wurde nach und nach auch in anderen Altersgruppen immer anerkannter. Mittlerweile gilt Facebook als Quelle, es ist die soziale Platt-form schlechthin. Kann man zu Facebook überhaupt noch Nein sagen? Ist ein Leben ohne Facebook überhaupt noch vorstellbar? Man kommuniziert über Facebook, viele Menschen veröffentlichen ihr komplettes Leben. Man loggt sich ein, scrollt die Seite hinunter und bekommt online das Leben der Online-Freunde mit. Hier fangen auch schon die Probleme an. Was sind Freunde? Man verschickt Freundschaftsanfragen. Haben Sie früher jemals eine Freundschaftsanfrage an jemanden verschickt? Sicherlich nicht. Doch heutzutage haben wir uns an diese Verhaltenswei-se gewöhnt. Wir „erfragen" Freundschaften, „erteilen" sie und „lehnen sie ab". Wir kommentieren bei im Grunde wildfrem-den Menschen, teilen deren Beträge, klicken auf „Gefällt mir", stupsen Leute an und „sammeln" sie in verschiedenen Listen. Man kategorisiert Menschen online und steckt sie in Schubladen (Abb. 3.2).

Je mehr „Freunde" man auf Facebook hat, desto „cooler" ist man, desto anerkannter ist das. Wer nicht mindestens 756 „Freunde" in seiner Liste vorweisen kann, ist doch schon eigentlich gar nicht mehr ernst zu nehmen. Das ist tragisch und traurig zugleich. Facebook hat sich so als Mittelpunkt des Lebens etabliert, dass man den Abstand gar nicht mehr wahren kann. Wenn rechts rote Zahlen blinken, freut man sich. Man drückt fast automatisch auf „Freundschaft annehmen", obwohl man die Person vielleicht gar nicht kennt. Warum? Weil man neugierig ist und weil man in dem Moment auch gar nicht Nein sagen will oder kann. Aber was, wenn man diese Anfrage dann wirklich mal

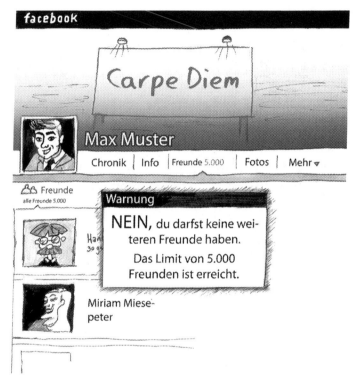

Abb. 3.2 5000 Facebook-Freunde

ablehnt? Diese Art von virtueller Ablehnung wird ganz schnell persönlich genommen und derjenige, der die Anfrage gesendet hat, ist zutiefst beleidigt.

Damit liefern wir uns selbst einem extrem hohen virtuellen Druck aus, der eigentlich non existent ist. Wer sagt uns denn, wann und wie wir uns mit jemandem vernetzen müssen? Wenn man mit einer Person nichts zu tun haben möchte, dann ist das auch unser gutes Recht. Wie kommen diese Rechtfertigungen also zustande? Wann hat das Ganze angefangen und warum ist es so schlimm für uns, dass wir auf Facebook gelten müssen? Wie fühlen sich Leute, die Facebook nicht nutzen? Gibt es diese Leute in den jüngeren Generationen überhaupt noch?

Diese Fragen sind durchaus berechtigt. Lehnt man nun also eine Freundschaftsanfrage bei Facebook ab, kann man sich fast sicher sein, dass man dieser Person, die die Anfrage geschickt hat, im wirklichen Leben fast nicht mehr unter die Augen treten darf. Es klingt nach Verrat, nach Unfreundlichkeit und nach „Mit dir will ich nichts zu tun haben". Facebook ist jedoch schlau. Facebook hat eine Grenze gesetzt, dass jemand „nur" 5000 „Freunde" in der eigenen Liste sammeln darf, danach wird einem nahe gelegt, dass man sich doch bitte eine Seite zulegen soll, auf der man „Follower" hat, also quasi die „Freunde", die dann jedoch nicht mit einem befreundet sind, sondern die Seite mit „Gefällt mir" markieren und somit weiterhin alle Postings verfolgen können. Eine schöne Sache auf der einen Seite, auf der anderen natürlich auch eine geschickte Masche von Facebook, um Werbung schalten zu können.

Was hat das alles mit dem Nein sagen zu tun und warum ist Facebook da so wichtig? Erinnern wir uns an den Februar 2014. „Facebook kauft WhatsApp" – ein Medienhype, der dem vom Tod Lady Dianas in fast nichts nachstand. Dass Facebook die mediale und virtuelle Datenkrake des 21. Jahrhunderts ist, ist definitiv nicht mehr von der Hand zu weisen und jeder, der die Dienste von Facebook nutzt (Instagram, WhatsApp und den Messenger) weiß darum. Doch auch bei WhatsApp hieß es: „Entscheide dich. Entweder du bleibst oder du gehst." Dass WhatsApp seit einigen Jahren die SMS abgelöst hat, ist auch kein Geheimnis mehr und somit wird dieser Dienst immer mehr genutzt. Doch auch hier ist es so, dass man sieht, wer wann online war (es sei denn, der Nutzer hat die Einstellungen anders konfiguriert) und seit einigen Monaten gibt es auch noch die Funktion, die erkennen lässt, ob eine gesendete Nachricht bereits gelesen wurde oder nicht. Das setzt unter Druck, weil es die „Ausrede" nimmt, die Nachricht nicht gelesen zu haben. Doch wenn jemand etwas nicht sofort beantworten will, dann ist das dessen gutes Recht. Wir müssen alle lernen, mehr auf uns selbst zu achten, gerade in Zeiten der virtuellen Kommunikation, die uns Stück für Stück immer mehr dominiert, einnimmt und sich wie ein gewaltiger Schleier über uns zu legen scheint, der nur schwer wieder zu heben ist. Wir rennen vor der Realität weg und versuchen, uns in die virtuelle Welt zu flüchten. Weil wir zu wenig Nein sagen. Das ist doch ein Paradoxon. Müssen wir immer und überall erreichbar sein? Nein! Müssen wir immer und überall unsere virtuellen Fußabdrücke hinterlassen? Nein! Müssen wir dann verfügbar sein, wenn uns gesagt wird, dass wir verfügbar sein müssen? Nein! Wie sieht nun also die Lösung des Problems aus?

Eine Paradelösung wird es nicht geben und diese sollen Sie auch nicht finden. Aber es soll zumindest eine Lösung sein, mit der Sie anfangen können, Nein zu sagen. Zu lernen und das Stück für Stück zu perfektionieren. Sagen Sie Nein, wenn Sie es für richtig halten. Lassen Sie Facebook und WhatsApp nicht ihr Leben dominieren oder die Menschen, die meinen, über diese Plattformen Ihr Leben bestimmen zu können oder Sie in irgendeiner Art und Weise einschränken. Sie bestimmen. Sagen Sie Nein, sobald Sie merken, dass es Ihnen gut tun wird, Nein zu sagen. Oder sobald Sie einfach merken, dass Ihnen irgendetwas zu viel wird.

Mein geschätzter Kollege Heinz Merlot hat dafür sogar ein eigenes Wort kreiert und beschreibt im Folgenden was er darunter versteht und wie wir dem *Zuvielismus*© entfliehen können:

3.4 Ich sage NEIN zum Zuvielismus©

Der Begriff Zuvielismus© beschreibt ein gesellschaftliches Phä-
nomen unserer Zeit. Damit meine ich die Überforderung des
Menschen, speziell in der westlichen Gesellschaft, mit dem schie-
ren Überangebot an Möglichkeiten und Informationen, aus dem
eine Opferrolle entstehen kann: Die Tatsache, permanent die
Wahl zu haben, wird nicht mehr als Chance empfunden, sondern
als eine Belastung.

In einer sich immer schneller drehenden Welt, ist die Zivi-
lisationsgesellschaft längst zu einer Zuvielisationsgesellschaft
geworden. Diese lässt uns, die Mitglieder dieser Gesellschaft,
schmerzhaft an ihre Belastungsgrenzen stoßen. Einerseits berei-
chern immer neue Perspektiven unsere Welt, weil sie aber andererseits auch nicht nur Chancen einer positiven Entwicklung des
menschlichen Umfeldes mit sich bringen, beinhalten Sie für uns
immer auch das Risiko des Scheiterns in sich. Frische Denkan-
sätze als Auswege aus diesem Dilemma sind deswegen dringend
notwendig! Um souverän die Chancen und Risiken gegeneinander abwägen zu können und die Beste Wahl für das eigene Leben
zu treffen, ist es heute wichtiger als je zuvor, die eigene Vision
zu entwickeln und den persönlichen Lebensentwurf zu verwirk-
lichen.

Als Mittel gegen die Überfrachtung unserer Leben und als
Weg in die entgegengesetzte Richtung wird heute häufig der Mi-
nimalismus unter dem Motto „Weniger ist mehr" angepriesen.
Wer sich auf das Wesentliche reduziert, so die Überzeugung, ist
am Ende glücklicher als jener, der alles will und keine Wachs-
tumsgrenzen kennt. Was dabei fehlt, ist allerdings das Werkzeug,
um sich Glück und Erfolg tatsächlich zu erarbeiten: Vielmehr
soll sich laut dieser Philosophie ein wie auch immer geartetes
Mehr automatisch einstellen, sobald man sich von vermeintlich
Unnötigem im Leben trennt.

Klarheit schaffen, die eigene Vision erkennen, Prioritäten setzen und Schwerpunkte wählen, um diese Visionen zu realisieren – so lauten die Aufgaben, die sich für mich auf dem persönlichen Glücksweg stellen. Dafür wende ich die Formel „Ein Drittel weniger für ein Drittel besser" an. Als Coach und Inspirator wurde von mir der Begriff Zuvielismus© zum ersten Mal geprägt (Zuviel-ismus).

Im Gegensatz zum gängigen „Weniger ist mehr", bietet diese Formel eine tatsächliche Handlungsmaxime sowie das notwendige Werkzeug, um die Herausforderungen unserer Zeit zu meistern. Der erste Schritt dabei ist, sich Klarheit zu verschaffen, was für das eigene Leben zählt, um daraus eine Vision zu entwickeln. Der zweite ist die Erkenntnis, dass es heutzutage nicht mehr darum geht, alle Chancen zu ergreifen, sondern jene zu erkennen, die zum eigenen Leben optimal passen.

War es früher fast unerlässlich, jede Chance zu nutzen, aus Angst, es werde sich keine weitere bieten, gilt es heute, nicht die erste Welle zu reiten, sondern die beste: In dem Wissen darum, dank der schneller gewordenen Zyklen unserer Welt, wird sich nach jeder Chance, die man nicht ergreift, bald wieder eine neue bieten. Und weil ich Klarheit über die eigenen Visionen habe, erkenne ich leicht jene, die am besten für meinen persönlichen Weg sind. Gemäß meiner Definition: Erfolg ist das, was mir gut tut – nicht nur im Beruf, sondern in allen Lebensbereichen. Es geht darum: Konkret NEIN zu sagen für das was nicht in mein Lebenskonzept passt, nein zu alldem zu sagen, was mir nicht gut tut und zwar in allen Bereichen des Lebens. Dabei hilft mir eine Betrachtung der Lebensbereiche nach dem Rad des Lebens:

Dieses Rad veranschaulicht dabei sehr schön, dass das Leben ‚eine runde Sache' ist. Es ist keine Liste, in der wir unsere Priorität im Leben auf ‚Karriere & Erfolg' setzen und alle weiteren Komponenten, wie etwa Selbstwert und Entwicklung der Persönlichkeit, sich automatisch mit dem Erreichen des obersten Zieles einstellen. Nur eine gleichmäßige Fokussierung auf die verschiedenen Lebensaspekte kann zu dieser Balance aller Lebensbereiche führen, wie sie uns mit dem Rad des Lebens verdeutlicht werden.

Betrachten Sie mit mir die einzelnen Bereiche genauer:

Selbstwert und Entwicklung der Persönlichkeit Sich seiner persönlichen, individuellen Stärken bewusst werden, ist ein äußerst wichtiger Schritt auf dem Weg der Persönlichkeitsentwicklung. Ziel ist es, diese Talente optimal zu nutzen, da dies quasi automatisch zu Erfolgserlebnissen führt. Ein weiterer Schritt besteht darin, seine individuelle Einzigartigkeit und seinen persönlichen Wert zu erkennen und mit dieser Erkenntnis die weitere Lebensplanung anzugehen.

Partnerschaft & Familie Zu den wichtigsten dieser Strukturen zählt der private Bereich der Partnerschaft & Familie. Dieser Bereich stellt eine wertvolle Stütze bei der Verwirklichung persönlicher Ziele dar. Genauso wie unsere Familie oder Partner uns Rückhalt und Stärke geben, müssen wir ihnen auch unsere Unterstützung bei der Verwirklichung ihrer Visionen geben. Es gilt also, unsere persönlichen Ziele auch im Einklang mit den Bedürfnissen des Partners bzw. der Familie zu definieren und am gemeinsamen Lebenserfolg zu arbeiten.

Spiritualität & Sinnlichkeit Nicht nur dem Leben einen Sinn geben, sondern auch das Sinnerleben wird in diesem Zusammenhang als eine Fähigkeit betrachtet, die es uns ermöglicht, unsere Umwelt bewusst wahrzunehmen. Ein wichtiges Element einer ausgeglichenen Lebensweise ist es, nicht mit Scheuklappen durch die Welt zu gehen, sondern vielmehr seine Umgebung aufmerksam zu beobachten, also zu erLeben. Man wird feinfühliger im Umgang mit seinen Mitmenschen, denn oft kommt es darauf an, die kleinen Gesten zu erkennen und zu verstehen.

Karriere & Erfolg Für jeden trägt das Wort Karriere eine andere Bedeutung mit sich. Allgemeingültig verstehen wir oft einen beruflichen Erfolgsweg darunter. Im Sinne des Rad des Lebens ist dies auch ein wichtiger Punkt, der stark zum Lebensglück beiträgt. Wer in seinem Job nicht glücklich, unter- bzw. überfordert wird oder nur halbherzig engagiert ist, überträgt diese schlechte Stimmung auch auf die privaten Lebensbereiche. Es gilt also, auf Basis der natürlichen Talente eine Aufgabe zu finden, die man erfolgreich bearbeiten kann, denn nur so lässt sich der Punkt ‚Karriere‘ und die damit verbundene ‚Erfüllung‘ durch die Karriere in einen zufriedenstellenden Rahmen bringen.

Lebensfreude & Entspannung Viele klagen über Stress, Anspannung, Überarbeitung bis hin zum Burnout-Syndrom. Um dem vorzubeugen, zeigt uns das Rad des Lebens, dass eine Balance zwischen den stressigen Zeitabschnitten und den Erholungsphasen entstehen muss, um den nötigen Grad an Ausgeglichenheit zu erlangen. Nur wer sich selbst eine Auszeit gönnen kann, kann auch wieder voll durchstarten und erfolgreich sein.

Beziehungen Soziale Kontakte und aktive Teilhabe am gesellschaftlichen Leben, sind wichtige Aspekte eines erfüllten Lebens. Wir gewinnen persönlich, wenn wir Zeit in andere Menschen investieren. Freundschaften pflegen ist ein entscheidendes Stichwort auf dem Weg zur idealen Lebensgestaltung.

Sicherheit & Geld Erfolg soll nicht nur ein kurzer Moment im Leben sein, sondern ein dauerhaftes Erlebnis. Wie können wir uns sicher sein, dass der Erfolg den wir heute haben, morgen auch noch besteht? Mit dem Begriff Sicherheit verbinden wir vor allem finanzielle Sicherheit. Finanzielle Absicherung ist ein Thema, das uns alle bewegt und besorgt. Doch wer seine Persönlichkeit allein über seinen finanziellen Status definiert, wird auf Dauer nicht erfolgreich sein. Sicherheit bietet uns nicht nur unsere finanzielle Versorgung, auch wenn dies natürlich ein wichtiger Faktor ist, um z. B. eine Familie zu versorgen. Sicherheiten bieten uns, neben der finanziellen Sicherung, auch unser soziales und kulturelles Umfeld. Werte, die wir vertreten und natürlich Freundschaften oder die Familie. Setzen wir unser komplettes Augenmerk auf nur einen Punkt, nehmen wir z. B. die finanzielle Absicherung, dann wird unser komplettes System, unser Gefühl von Sicherheit zerstört, wenn einer dieser Punkte uns entgleitet. Wir verlieren also in diesem Moment nicht nur unsere Sicherheit, sondern auch einen Teil unserer Persönlichkeit.

Gesund & Fit Wir alle kennen das Sprichwort: „In einem gesunden Körper wohnt ein gesunder Geist". Sprichwörter werden oft als ‚schlaue Sprüche' abgetan, doch steckt hinter diesem klugen Satz eben genau das Prinzip, das uns auch das Lebensrad verdeutlichen möchte. Wer sich selbst gesund und fit fühlt, sich also im Hinblick auf Gesundheit fördert und mit Blick auf sportliche Leistungen fordert, wird auch den Lebensalltag besser und erfolgreicher meistern. Gerade Gesundheit & Fitness bringen dem Körper zusätzliche Power, die in allen Lebensbereichen eingesetzt werden kann und den persönlichen Weg zum Lebensglück unterstützt.

Wer die o. a. Punkte für sich klar definiert hat, der weiß viel besser was er will, der kann viel besser entscheiden welche Chancen er in seinem Leben nutzen will und kann klar nein sagen -und nicht nur vor sich selbst, sondern gegebenenfalls auch anderen gegenüber. Bei Bedarf gilt es klar zu definieren und wenn nötig auch stark zu argumentieren damit wir bei einem Nein bestehen und falls ‚not-wendig' unser NEIN erfolgreich verteidigen.

Die Formel „Ein Drittel weniger für ein Drittel besser" nutze ich als ideales Tool für das Nein-sagen, um mich in meinem Leben und Alltag von unnötigem Ballast zu befreien, denn: Wer überdenkt, was für das individuelle Glück sinnvoll ist und sich entscheidet, was aufgegeben werden kann, ist offen für neue

Wege – und kann sich auf das konzentrieren, was zählt. Es macht mir dann Freude, den eigenen Erfolg zu finden, und meinen persönlichen Glücksweg zu gehen, und das ohne mehr Aufwand als zuvor.

Dies gilt beruflich ebenso wie im Privaten und lässt sich an einem simplen Beispiel erläutern: Wer dem eigenen Handeln das Motto „Weniger ist mehr" zugrunde legt, schafft vielleicht seinen Fernseher ab, um sich von der medialen Reizüberflutung zu befreien. Damit allein aber ist ja nichts erreicht! Weil ich die Maxime „Ein Drittel weniger für ein Drittel besser" anwendete, behielt ich das Gerät, im Wissen darum, dass ich darüber auch relevante Informationen beziehe, und schränkte stattdessen den Konsum um ein Drittel ein. Diese Zeit nutze ich jetzt bewusst, um sie mit der Familie oder mit Freunden zu verbringen und dadurch mit den Menschen, die mir sehr wichtig sind die Qualität meines Lebens zu steigern. Somit wandele ich mit der Formel die vermeintlichen Risiken des Zuvielismus© um in Chancen – und werde wie jeder andere der sie anwendet vom möglichen Opfer zum Glückskind.

4
Ein Leitfaden für das „Nein"

Nun haben wir viel darüber gesprochen, warum es so wichtig ist, sich zu entscheiden und nicht Nein zu sich selbst zu sagen. Nun möchte ich Ihnen endlich eine Art Leitfaden geben, der Ihnen hilft, diese Prozesse zu präzisieren. Keine Angst – es handelt sich nicht um Raketenwissenschaft und es ist auch noch kein Meister vom Himmel gefallen. Aber am Ende werden Sie besser wissen, wie Sie das Nein in Zukunft gewinnen lassen können.

Hier zunächst ein ganz einfacher Algorithmus, der aufzeigt, wie sich ein Nein-Sagen zusammensetzt (vgl. Abb. 4.1).

Das Schaubild soll Ihnen zeigen, dass hinter einer Entscheidung, egal ob retrospektiv betrachtet gut oder schlecht, immer in erster Linie die Verantwortung Ihnen selbst gegenüber steht. Wenn Sie sich dafür entscheiden, sich zu entscheiden, sind Sie einen wichtigen Schritt in die richtige Richtung gegangen.

4.1 Der Abwägungsprozess

Erinnern Sie sich an die letzte Situation, in der Sie Ja gesagt haben. Ist vermutlich nicht mal einen ganzen Tag her, richtig? Haben Sie Ja gesagt, weil Sie sich von der Situation haben überrumpeln lassen? Oder weil Sie es wollten und Sie Ihre Entscheidung ruhig und überlegt getroffen haben?

Abb. 4.1   Frage an uns

Es ist essentiell, sich Zeit für die Entscheidung zu geben, sie sich zu nehmen und selbst zu bestimmen, wann man gerne Nein sagen möchte. Und gerade da ist es wichtig, dass Sie sich Zeit lassen, damit Sie Ihre Entscheidung nicht bereuen, Sie nicht revidieren wollen.

Dazu kann es gehören, dass Sie den, der Sie um einen Gefallen bittet, Ihrerseits um Bedenkzeit bitten. Übereilte Entscheidungen führen oftmals ins Leere und können niemals gut sein. Dies soll allerdings nicht bedeuten, dass Sie nicht auf Ihre Intuition achten sollen, im Gegenteil. Die Zeit, die Sie erbitten, soll Ihnen helfen, Ihre Intuition ganz genau wahrzunehmen, damit Sie diese in Ihre rationale und emotionale Entscheidung mit einfließen lassen können. Zunächst sollten Sie dafür die Vor-und Nachteile abwägen, die ein Ja oder ein Nein jeweils nach sich zieht.

Machen Sie sich bewusst, dass es Ihre eigene Entscheidung ist, die Sie aus freien Stücken treffen. Für sich selbst und nicht für jemand anderen. Auch wenn es um Entscheidungen geht, in die mehrere Menschen involviert und entsprechend Rücksicht und Fingerspitzengefühl gefragt sind, geht es in erster Linie um Sie.

Die wichtigste aller Fragen, steht denn auch über den situationsbedingten:

Warum fällt es Ihnen so schwer Nein zu sagen. Woran genau liegt es? Wie Sie im ersten Kapitel gelesen haben, hat dies oft mit Ängsten zu tun; mit der Furcht, nicht angenommen zu werden und vor allem damit, nicht zu genügen. An der Stelle ist es wichtig tiefer zu gehen und zu hinterfragen, bei welcher Art von Entscheidung Sie mit Angst reagieren, damit Sie für kommende Entscheidungen gewappnet sind. Sie ärgern sich doch sicherlich auch darüber, wenn Sie bemerken, den gleichen Fehler zwei Mal gemacht zu haben, oder?

Denken Sie nicht so viel über Ihr Gegenüber nach und daran, bei einem Nein vielleicht automatisch abgelehnt zu werden, sondern sehen Sie auf sich. Sehen Sie es als positive Entscheidung und als richtigen, wichtigen Schritt, den Sie gegangen sind. Vor allem machen Sie sich immer wieder bewusst, dass Sie Ihre Entscheidung alleine getroffen haben und dass Sie sich nicht für Ihre Entscheidung und Ihr Nein rechtfertigen müssen. Oftmals werden Schuldgefühle bei uns ausgelöst und somit wollen wir automatisch Ja sagen, weil wir der Person, die uns die Frage stellt, unbedingt genügen und nicht enttäuschen wollen. Doch nur auf eine authentische Antwort folgt auch effizientes Handeln. Wie können Sie die Aufgaben oder Bitten, die an Sie herangetragen wurden, vernünftig ausführen, wenn Sie sie eigentlich gar nicht annehmen wollten? Die Folgen dieses gegen sich selbst gerichteten Handelns, wirken sich somit unter Umständen schädlicher auf die Beziehung aus, als es ein Nein jemals könnte!

Wenn Sie die folgenden Punkte bei der Entscheidungsfindung durchgehen, dann kann Ihnen das sehr helfen, eine Antwort zu finden, welche Sie auch ehrlich so meinen:

1. Wer bittet Sie? Für wen sollen Sie etwas tun? Welche Bedeutung besitzt dieser Mensch in Ihrem Leben? Wie häufig hat Sie dieser Mensch schon um etwas gebeten? Wie ist Ihre Entscheidung jeweils ausgefallen?
2. Fragen Sie nach, um was genau es sich handelt und lassen Sie sich nicht mit halben Antworten abspeisen.

3. Wollen Sie das, was von Ihnen gefordert wird, wirklich tun oder machen Sie es aus Gewohnheit?
4. Wie sind Ihre Zeit- und Energiereserven? Wie viel davon wollen und können Sie wirklich auf die Sache verwenden? Welche Dinge rücken in den Hintergrund?
5. Was geben Sie konkret auf, um der Entscheidung nachzukommen? Inwiefern profitieren Sie selbst von Ihrer Entscheidung?

Wenn die oben aufgezählten Punkte von Ihnen alle mit Nein oder negativ beantwortet werden, dann sollten Sie auch ein entsprechend deutliches Nein kommunizieren.

Sehen wir sie uns im Einzelnen genauer an:

Wer bittet Sie? Für wen sollen Sie etwas tun? Welche Bedeutung besitzt dieser Mensch in Ihrem Leben? Wie häufig hat Sie dieser Mensch schon um etwas gebeten? Wie ist Ihre Entscheidung jeweils ausgefallen?

Hier ist es wichtig für sich zu klären, welchen Stellenwert der Mensch besitzt, der Sie bittet. Also halten Sie sich am besten an Folgendes:

Wie lange kennen Sie den Menschen? Was würden Sie für ihn tun, damit Sie ihm den Gefallen tun können, um den er Sie bittet?

Hier ist es auch wichtig zu differenzieren. Natürlich sollte man nicht überpenibel werden. Wenn es die ältere Dame mit den zwanzig Tüten voller Wollknäule ist, die Sie bittet, ihr kurz die Tür aufzuhalten, ist das durchaus etwas, das man mal kurz machen kann. Oder wenn es ein Freund ist, der Sie bittet, mal eben etwas auszudrucken – das sind Dinge, die keine Lebenszeit in Anspruch nehmen und wenn doch, dann nur wenig. Das sind die kleinen Dinge, die oftmals zählen.

Ist der Mensch der Sie bittet jemand, der Ihnen auch schon mal einen Gefallen getan hat? Oder ist es ein Mensch, der Sie bloß immer dann kontaktiert, wenn er selbst etwas braucht?

Niemand lässt sich gerne ausnutzen und doch lassen wir es von Zeit zu Zeit zu. Wir fragen uns in den Momenten leider zu selten, warum dies so ist. Vielleicht, weil wir selbst etwas erwarten oder weil wir in friedlicher Harmonie leben wollen. Doch oftmals ist diese Harmonie trügerisch und eigentlich gar nicht mal so toll. Wenn uns das klar wird, ist es meist schon zu spät und wir sind enttäuscht. Wir haben mal wieder alles gegeben, uns eventuell sogar verbogen, uns die Beine ausgerissen, um genau das Ergebnis zu erzielen, was von uns erwartet wurde. Aber um welchen Preis?

Wenn dieser Mensch uns also nun schon zu oft um einen Gefallen gebeten hat, den wir immer und immer wieder erfüllt haben, dafür aber nie auch nur das Geringste zurückbekamen, sollten wir uns ganz klar darüber sein, was wir in Zukunft in gleichen Situationen tun. Und uns darin üben, die für uns richtige Antwort zu finden. Es gibt solche Menschen zur Genüge und irgendwann sollte der Zeitpunkt gekommen sein, diesen aus dem Weg zu gehen. Die Distanz von einem Menschen, der uns nicht gut tun, ist essentiell. Machen Sie einfach einen Schritt zur Seite, so dass er vorbei gehen kann, um jemand anderen zu fragen. Ist ganz leicht. Denn damit machen Sie gleichzeitig einen Schritt auf sich zu.

Wenn Sie also nun für sich entschieden haben, welchen Stellenwert dieser Mensch für Sie besitzt, können Sie zum nächsten Punkt kommen.

Fragen Sie nach, um was genau es sich handelt und lassen Sie sich nicht mit halben Antworten abspeisen.

Das kennen Sie vielleicht aus dem Beruf: „Können Sie das oder das für mich machen?" Und dann folgen „halbgare" Anweisungen, aus denen Sie sich erst noch mühselig herausfiltern müssen, was man da eigentlich von Ihnen erwartet. Klären Sie bei Bitten, egal ob beruflich oder privat, immer die genauen Bedingungen. Wie Sie die jeweiligen Parameter feststellen ist von Mensch zu Mensch und von Situation zu Situation verschieden.

Es gibt kein Patentrezept, und genau das macht es kompliziert. Aber zum Glück funktionieren Menschen nicht wie Maschinen. Emotionen, Ängste, Gefühle leiten uns. Sind fest in uns verankert. Finden Sie Ihren eigenen Stil um Anforderungen und Bedingungen exakt zu erfahren.

Wollen Sie das, was von Ihnen gefordert wird, wirklich tun oder machen Sie es aus Gewohnheit?

Wenn man um einen Gefallen gebeten wird und die Person, von der man gebeten wurde, jemand ist, dem man schon öfter und bislang auch gerne einen Gefallen getan hat, dann sollte diese Entscheidung nicht schwer fallen. Doch irgendwann ist auch hier die Frage angebracht: Ist es nur Gewohnheit? Sagen Sie schon einfach ganz automatisch Ja? Ohne in Alternativen zu denken oder sie anzubieten? Zeit, sich von alten Gewohnheiten zu trennen. Andere alte Gewohnheiten nerven Sie ja schließlich auch oder etwa nicht? Schön wäre es, wenn der Ehemann dann die Socken doch mal endlich eigenhändig in den Wäschekorb schmeißen würde. Oder die Ehefrau nicht immer dann mit dem Staubsaugen anfängt, wenn Fußball läuft. Gut, hier werden die Rollenklischees per excellence bedient, aber Sie wissen, was ich meine. Solche alten Gewohnheiten sind einfach lästig, und die können Sie sich schnell abgewöhnen, indem Sie beim Ja-oder Nein-Sagen kritischer werden.

Wie sind Ihre Zeit- und Energiereserven? Wie viel davon wollen und können Sie wirklich auf die Sache verwenden? Welche Dinge rücken in den Hintergrund?

Erst wenn wir Dinge in den Hintergrund rücken, die unwichtig sind, haben andere den Platz zum Vorschein zu kommen. Was müssen Sie gegebenenfalls liegenlassen? Ist es schlimm, wenn Dinge wegfallen, die Ihnen sowieso zur Last geworden wären? Nein! Also, wagen Sie das Nein, entscheiden Sie sich dafür, Ihre eigenen Ziele zu verfolgen und nicht mehr in Situationen zu kommen, in die Sie eigentlich gar nicht mehr reinrutschen wollten.

Das ist eigentlich ganz einfach. Machen Sie sich eine Liste, welche Ressourcen Ihnen zur Verfügung stehen. Da wir sowieso täglich Tausende von Entscheidungen treffen und uns Einkaufszettel ja auch nicht schwer fallen, sollte das die kleinste Übung sein. Dazu zählen auch ein aufgeräumter Schreibtisch, eine klare Struktur, um Arbeitsabläufe zu vereinfachen. All das ist uns selbstverständlich, aber eine einfache Bitte wie „kannst du mal eben" und wir werfen unsere Struktur über den Haufen.

Sehen Sie sich Ihren Kalender an und schauen Sie, wie Sie a) Ihre Zeitreserven einteilen und b) Ihre Kraftreserven. Ist es wirklich nötig, nochmal in die Stadt zu fahren, um ausgerechnet heute dies oder das für jemand anderen zu erledigen oder können Sie das vielleicht ein anderes Mal tun, indem Sie zwei Sachen miteinander verbinden?

Lernen Sie zu unterscheiden und sich zu entscheiden. Das ist nicht nur wichtig im Privaten sondern vor allem im Beruf. Es ist wichtig sich klarzumachen, welche Dinge Sie wann und wie erledigen können, um dadurch Zeit zu gewinnen – und um frei entscheiden zu können, wann Sie zu etwas Ja oder Nein sagen.

Ganz klar ist, dass ein Nein gewinnt, wenn absehbar ist, dass Sie durch ein Ja einen Nachteil erleiden. Doch manchmal sind es auch nur ganz kleine Dinge, und genau da ist es wichtig, dass man lernt zu sehen, welche Ressourcen einem noch bleiben und für was man diese einsetzen will. Lebenszeit, die Sie für Unnötiges verwenden, ist verschwendet. Sicherlich ist es immer erst mal schöner, nach außen freundlicher und höflicher zu wirken, wenn man Ja sagt. Aber wenn abzusehen ist, dass Sie ins Hintertreffen geraten, weil Sie nicht die Kraft, die Zeit oder den Elan haben, etwas für jemanden zu tun oder Ja sagen wollen, weil Sie es schon immer so gemacht haben: Lassen Sie es. Sagen Sie Nein und zwar vehement. Schreiben Sie es sich auf. Mit einem Edding. Nicht mit einem Bleistift. Sie werden sehen, dass das Nein auch hier gewinnen wird. Wenn Sie Nein sagen, rücken unwichtige Dinge in den Hintergrund und das, was Ihnen wirklich wichtig ist, kann wieder fokussiert werden.

Was geben Sie konkret auf, um der Entscheidung nachzukommen?

Denken Sie einmal an die letzte Situation zurück, in der Sie Ja gesagt haben, obwohl Sie eigentlich Nein sagen wollten. Ist gar nicht mal so lange her, richtig? Gut, das sei nun aber mal dahingestellt. Aber erinnern Sie sich auch daran, was Sie vielleicht in dem Moment aufgegeben haben? Betrachten Sie die Situation nicht einmal pathetisch, sondern ganz nüchtern. Sie haben etwas Anderes nicht machen können, um sich um das zu kümmern, zu dem Sie Ja statt Nein gesagt haben. Darin drückt sich die ganze Inkonsequenz Ihnen selbst gegenüber aus, derer Sie Herr werden sollten. Natürlich dürfen Sie sich ohne weiteres auch einmal hinter sich selbst anstellen, wenn Sie aus ganzem Herzen gerne jemand anderem zur Seite stehen möchten. Doch rechtfertigt dies keinesfalls ein nur halbherzig ausgesprochenes Ja!

Bertold Brecht hat einmal gesagt: „Wer A sagt, der muss nicht B sagen. Er kann auch erkennen, dass A falsch war." So verhält es sich eben auch mit unseren Entscheidungen. Wenn Sie finden, dass Sie eine Aufgabe nicht erfüllen können oder wollen, dann haben Sie das Recht, Nein zu sagen. Sicherlich, das Nein sollte schon berechtigt sein und nicht einfach ein „Ich habe jetzt halt einfach keine Lust, diese Aufgabe zu erfüllen". Lassen Sie sich Informationen geben über das, was an Sie herangetragen wird. Denken Sie darüber nach und begründen Sie Ihre Entscheidung. Senden Sie Ich-Botschaften, indem Sie ganz deutlich von Ihrem eigenen Standpunkt aus argumentieren: „Ich denke, dass es klug ist, wenn man einen anderen Lösungsansatz findet, weshalb ich nun zu diesem Nein sage." Ein Nein bedeutet oftmals gleichzeitig ein Ja für etwas Anderes, Besseres. Und damit schlagen Sie aus Ihrem Nein „Profit".

Inwiefern profitieren Sie selbst von Ihrer Entscheidung?

Das ist nun wohl die interessanteste aller Fragestellungen. Im Prinzip ist es durch die vorausgegangenen Punkte schon sehr deutlich geworden: Sie profitieren durch die Entscheidung für das Nein, indem Sie wieder mehr Zeit haben, mehr Freiheit und mehr Raum für das was Sie wirklich wollen. Sie erhalten sich Ihre Struktur. Vor allem haben Sie gelernt, sich abzugrenzen und damit einen immens wichtigen Lernprozess durchlaufen. Sie haben plötzlich (wieder) den Kopf frei und können andere Aufgaben gewissenhafter, qualitativ besser und präziser erledigen. Dies alles bringt Ihnen natürlich auch wieder Zeit ein, die Sie vorher vergeudet haben. Und eventuell auch Lob im Beruf, Respekt im Privaten. Halten Sie das alles schriftlich fest, so dass Sie die Vorteile noch besser vor Augen haben und Sie werden Ihren bisherigen Standpunkt zum Nein immer ein bisschen mehr verändern. Zeit, Kraft, Energie, Harmonie, positive Lebensweisen – dies alles steht dann auf Ihrer Liste, die Ihnen deutlich zeigt, dass Sie die richtige Entscheidung getroffen haben.

4.2 Der Kommunikationsprozess

Nun haben Sie sich also entschieden: Sie möchten nicht Ja sagen. Jetzt aber kommt der schwierigere Schritt: Was und wie sagen Sie's stattdessen? Vielleicht haben Sie die Entscheidung getroffen, nicht komplett abzusagen, sondern nur partiell? Das können Sie tun, indem Sie einem Teil einer Bitte nachkommen, aber eigene Regeln dafür festlegen. Ein Beispiel: Sie werden gefragt, ob Sie an einem Abend, an dem Sie schon etwas vorhaben, mit zu IKEA zu fahren, um beim Aussuchen von der genauen Größe und Farbe von Nockeby, Dagstorp & Co. zu helfen. Sie können sagen, dass Sie das prinzipiell sehr gerne tun, nur im Moment nicht bzw. nicht an diesem Abend. Damit zeigen Sie kein Desinteresse, sondern dass Sie auch an einer Lösung interessiert sind. Kann der Bittsteller aber nur an dem bestimmten, von ihm vorgegebenen Abend, so ist das, gelinde gesagt, sein Problem. Und nicht Ihres.

Die Zeit des Fingerschnippens und Springens ist vorbei, denken Sie daran.

Auch ganz wichtig: Versuchen Sie sich nicht in der Hinhalte-technik. Das mag gut gemeint sein. Vielleicht haben Sie wirklich vor, sich noch eine Alternative auszudenken oder jemand ande-ren zu finden oder erst etwas anderes schneller zu erledigen, um dann... Was auch immer. Bleiben Sie ehrlich zu sich selbst: Ist das alles so? Oder wollen Sie sich nur vor einer abschließenden Antwort jetzt, now!, drücken? Tun Sie das nicht. Schieben Sie die Kommunikation Ihrer Entscheidung nicht vor sich her, wenn Sie sie einmal getroffen haben, indem Sie sie verwässern. Denn die Gefahr, jemanden dann wirklich zu enttäuschen, ist zu groß.

Stattdessen machen Sie es ganz einfach so: direkt und gera-deheraus! Menschen, die sich immerzu schwammig ausdrücken und versuchen alles mit einem „Jein" zu beantworten, nehmen ihren Mitmenschen die Klarheit. Es macht geradezu aggressiv, wenn man merkt, wie sich der andere vor einer direkten Antwort drückt. Denn auch das ist verschwendete Zeit – Lebenszeit! Tun Sie das Ihren Mitmenschen nicht an. Werden Sie nicht hektisch, wägen Sie in Ruhe ab. Aber dann reden Sie nicht um den heißen Brei herum, sondern stehen zu Ihrer Entscheidung und kommu-nizieren Sie sie klipp und klar und wie schon gesagt: frei heraus! Geht nicht? Gibt's nicht. Aber ich gebe zu, es wird am Anfang nicht ganz leicht fallen. Deshalb biete ich Ihnen nun auf unserem gemeinsamen Weg zwei Hilfestellungen an, wie Sie sich dieses „Frei heraus!" aneignen können:

Die *INA-Methode*, kurz und knackig und/oder das *Performer-Nein*, umfassend, denn es gibt einen intensiven und detaillierten Leitfaden, der Sie auf Ihrem Weg zum überlegten Nein begleitet.

Nehmen Sie die INA-Methode als Instant-Version und das Performer-Nein als Politik der kleinen Schritte. Je nachdem in welcher Lebenssituation und auf welcher persönlichen Entwick-lungsstufe Sie sich gerade befinden. Aber keine Sorge, auch die

Performer-Methode wird sich Ihnen leicht einprägen und irgendwann instrumentalisiert in Ihnen ablaufen. So wie Sie bspw. das *Autogene Training* nach einer Weile nicht mehr auf der Couch, eine halbe Stunde mit CD am Ohr machen müssen, sondern es an einer roten Ampel mal eben ein- und umsetzen können.

4.2.1 Das INA-Modell

* Interesse zeigen
* Nein sagen
* Alternative unterbreiten

Zeigen Sie Interesse. Hören Sie aufmerksam zu. Artikulieren Sie Verständnis für die Situation, indem Sie sich bedanken, eine kurze Begründung und eine Alternative liefern:

„**Danke**" Das ist mehr als nur eine Geste. Nicht jede Aufgabe die an Sie herangetragen wird, dient ja dazu Sie bewusst auszuzehren! Ganz im Gegenteil. Man traut Ihnen etwas zu. Das können Sie durchaus zurückmelden: „Das finde ich super, dass Sie da an mich denken, aber mein Terminkalender ist leider schon komplett voll." oder „Das ist ein tolles Kompliment, dass du mir das zutraust, aber ich kann heute leider nicht."

„**Ich habe Verständnis...**" Damit nehmen Sie etwas die Luft raus! Beispiele: „Dass du so im Zeitstress bist, tut mir sehr leid – aber ich kann dir leider heute trotzdem nicht aushelfen." oder „Ihr Team steht da wirklich stark unter Druck. Leider ist es trotzdem nicht möglich, dass eine Arbeitskraft von uns zu Ihnen wechselt."

„**Nein, weil...**" Dabei geht es nicht um Rechtfertigung, sondern um Erklärung. Ganz kurz und knapp. Das macht es allen Beteiligten leichter.

„**Wie wäre es denn mit...**" Die angebotene Alternative in Form eines Gegenvorschlags zeigt, dass Sie nicht nur an sich -, sondern mitdenken. Regen Sie eine andere Idee an und Sie zeigen damit, dass Ihnen der andere nicht egal ist, bleiben aber auch standhaft dabei, dass Sie nicht zur Verfügung stehen.

Beispiel

Schauen wir uns das mal am Beispiel unvorhergesehener Überstunden an:

Chef: „Hallo Herr Müller, wir haben ganz unverhofft eine kurzfristige Anfrage bekommen. Haben Sie Zeit, das heute noch zu erledigen?"

Mitarbeiter: „Das ist ja toll, dass dieser Kunde bei uns angefragt hat. Wir sind ja schon lange an ihm dran. Ist es denn ein gewinnbringendes Angebot?"

Chef: „Ja, wie es auf den ersten Blick aussieht, natürlich".

Mitarbeiter: „Hmm, ich verstehe Sie gut. Sie wollen diesen Auftrag, richtig?"

Chef: „Ja"

Und der Mitarbeiter? Sie ahnen es, der sagt: „Nein!", öffnet aber gleichzeitig Türen und unterbreitet eine Alternative:

„Ich würde Ihnen ja gerne bei diesem Angebot helfen, ist ja auch in meinem Interesse. Aber ich kann heute definitiv nicht. Kann die Aufgabe denn kein anderer Kollege übernehmen? Wenn nicht, kann ich es noch morgen früh als Erstes fertigstellen."

Es gibt dafür natürlich keine pauschalisierte Antwort. Die Antworten sind immer abhängig von den Fragen des Gegenübers. Daher müssen Sie stets flexibel auf die Anfragen reagieren können. Auch hier macht Übung den Meister.

4.2.2 Das Performer-NEIN

Die Didaktik des „Performer-Nein" ist umfangreicher, aber einfach nachzuvollziehen und prägt sich deshalb auch ganz leicht ein. Nur neun Schritte bringen Sie an Ihr Ziel: Das Ja nicht nur zu denken, sondern auch auszusprechen! Diese Schritte können Sie, müssen Sie aber nicht chronologisch gehen. Manch einer mag Ihnen wichtiger erscheinen, als der andere. Anderes ist Ihnen bereits in Fleisch und Blut übergegangen, während Sie manches noch üben müssen. Picken Sie sich heraus, was Sie jeweils benötigen:

Es setzt sich zusammen aus:

P = Purpose (Sinn)
E = Empowerment (Befähigung)
R = Relationship (Beziehungsmanagement)
F = Flexibility (Flexibilität)
O = Optimism (Optimismus)
R = Respect (Respekt)
M = Motivation (Motivation)
E = Energy (Kraft)
R = Result (Ergebnis)

4.2.2.1 Purpose (Sinn)

Stellen Sie sich grundsätzlich die Sinnfrage. Macht es Sinn Ja zu sagen oder ist es doch besser Nein zu sagen? Wichtig bei der Sinnfrage ist, dass das was Sie tun, für Sie wirklich wichtig ist. Dass das was Sie tun, Sie wirklich weiterbringt. Dass Sie das, was Sie tun, auch wirklich tun wollen.

Dabei gibt es immer wieder **Gedanken, die uns ablenken**, die uns in den Sinn kommen, während wir versuchen, eine Entscheidung zu finden. Lassen Sie uns einmal diese Gedanken genauer betrachten:

* Gedanken, die die Entscheidung verhindern
Ich habe Angst durch meine Entscheidung Ablehnung und Ausgrenzung zu erfahren.

* Gedanken, die die Entscheidung erleichtern
  Ich werde abgelehnt, wenn ich ablehne? Wenn mich ein Mensch nur dann mag, wenn ich Ja sage, bin ich es der sich von diesem trennen sollte.
* Gedanken, die die Entscheidung erschweren
  Ich habe Angst meinen Gegenüber zu verletzen, enttäuschen oder wütend zu machen.
* Gedanken, die die Entscheidung erleichtern
  Jeder hat das gleiche Recht, Wünsche zu kommunizieren. Ich bin nicht für die Gefühle meines Gegenübers verantwortlich oder dafür, wie er mit meinen Entscheidungen umgeht.
* Gedanken, die die Entscheidung erschweren
  Mein Nein ist egoistisch.
* Gedanken, die die Entscheidung erleichtern
  Wer mit seiner Bitte automatisch eine positive Antwort verknüpft, dreht sich nur um sich selbst und ist der wahre Egoist.
* Gedanken, die die Entscheidung erschweren
  Ich stehe den Be-oder Anschuldigungen, welche auf mein Nein folgen, machtlos gegenüber.
* Gedanken, die die Entscheidung erleichtern
  Ich habe jederzeit die Möglichkeit mich dem zu entziehen. Je nach Typus kann es mir andererseits sogar helfen, mich auf eine Debatte einzulassen, in der ich meine Argumente vortragen kann.

Wenn Ihre Antwort nun Ja ist, es also Sinn macht Ja zu sagen, dann tun Sie es auch. Dann haben die folgenden acht Attribute keine Relevanz mehr für Sie. Aber tun Sie es dann auch konsequent. Wer Ja sagt, muss auch mit den Konsequenzen leben.

Kommen Sie aber nun, nach all diesen Abwägungsprozessen, zu dem Schluss, Nein sagen wäre besser für mich, dann stehen Sie auch dazu.

Mit der nun gewonnenen Einstellung: Ja, ich möchte in diesem Fall Nein sagen, ist der erste und wichtigste Schritt getan.

Ein Gedanke ist der erste Schritt zur Handlung. Nun geht es daran, das Wollen umzusetzen und ins aktive Tun zu kommen.

4.2.2.2 Empowerment (Befähigung)

Sie haben die Befähigung für Vieles. Dabei steht das „Wollen" ganz am Anfang. Das haben wir bei der „Sinnfrage" bereits beantwortet. Nun zum „Können" und „Dürfen":

„**Können**" Es ist wichtig, dass Sie die Kenntnisse haben, ein Nein auch argumentieren zu können. Was sind mögliche Hilfsmittel und Techniken zum Nein sagen. Vor allem, wie kann ich freundlich und ohne verletzend zu wirken Nein sagen?

Hier die wichtigsten Techniken, die Sie je nachdem alternativ oder kumuliert anwenden können:

Erbitten Sie sich Bedenkzeit

Verschaffen Sie sich ein Zeitfenster, in dem Sie über das Ansinnen an Sie nachdenken können. Fragen Sie direkt: „Sie geben mir doch sicher etwas Bedenkzeit?" Das ist schon fast eine rhetorische Frage, denn nun ist Ihr Gegenüber am Zug. Antwortet er mit Ja, gewinnen Sie Zeit. Antwortet er mit Nein, warum sollten Sie dann mit Ja antworten?

Oder alternativ: „Lassen Sie mich eine Nacht darüber nachdenken. Ich rufe Sie morgen zurück." Es ist immer gut, eine Nacht über eine wichtige Entscheidung zu schlafen. Die Bedenkzeit und der zuverlässige Rückruf machen Ihre Absage weniger hart. Sagen Sie höflich und vielleicht etwas nett verpackt, aber klipp und klar: „Ich habe mir ernsthafte Gedanken gemacht und bin zu der Überzeugung gekommen, dass Nein die beste Alternative für mich ist."

Äußern Sie sich anerkennend und wertschätzend

Wenn Sie eine Bitte oder Anfrage erreicht, loben Sie Ihr Gegenüber als Person und auch das Anliegen, und stärken Sie dadurch die Beziehungsebene. Menschen verkraften eine Absage außerdem leichter, wenn sie wissen, dass sie nicht persönlich gemeint sind. Beschreiben Sie die Rollen, in denen Sie sich befinden. Dass bspw. die Rolle „Freund" eine andere ist, als die Rolle „Helfer".

Leiten Sie danach die Absage mit den Worten ein:

„Mit niemand würde ich das lieber machen als mit Ihnen. Aber leider…"

„Das ist eine sehr gute Idee…"

„Finde ich gut…"

„Macht durchaus Sinn…"

Machen Sie dann aber direkt deutlich, dass Ihre Kräfte derzeit anderweitig so stark gebunden sind, dass Sie zu diesem schönen Projekt oder zu diesem begründeten Anliegen leider momentan Nein sagen müssen. Erklären Sie dabei nicht, was das „Anderweitige" ist und warum es Ihnen wichtiger ist. Das könnte sonst zu Widerspruch, Diskussionen oder Verletzungen führen.

Artikulieren Sie geschickt aber deutlich

Sagen Sie das Wort „Nein" mit fester klarer Stimme, also kein „Ne" oder „Nö". Schauen Sie den anderen dabei an. Nur so wird dem anderen klar, es gibt keinen Verhandlungsspielraum. (Ausnahme siehe unten:Flexibility) Eine klare Antwort erspart Ihnen Missverständnisse und späteren Ärger und stärkt Ihr Selbstbewusstsein.

„**Dürfen**" In der Regel dürfen Sie immer Nein sagen. Sie müssen nur mit den Konsequenzen leben. Der Mitarbeiter, der die gestellte Aufgabe seines Chefs ablehnt. Der Soldat, der einen Befehl verweigert. Der Bräutigam, der am Traualtar die Hochzeit schmeißt. Hier besteht eine ernste Kopplung zum ersten Thema Sinn. Welchen Sinn macht es, Nein zu sagen? Bringt es Sie vorwärts oder behindert es Sie. Diese Antwort können nur Sie selbst sich geben. Gute Ratgeberliteratur kann Sie dabei unterstützen;-) aber diese wenigen Seiten bleiben letztlich nur Impulse, deren Umsetzung alleine Ihnen obliegt. Wenn Sie schneller vorankom-

Abb. 4.2 NEIN-Versicherung

men möchten, kann Sie ein Coach oder Mentor sicher dabei unterstützen. Die berühmten vom Himmel gefallenen Meister sucht man ja bekanntlich vergeblich. Alles unterliegt einem Prozess und je nachdem wie eingefahren Ihre Verhaltensmuster sind, kann ein „Trainingsprogramm" wertvolle Dienste liefern. Die beste Fußballmannschaft, zusammengesetzt aus den erfahrensten und teuersten Spielern der Welt, ist nichts wert, ohne ihren Trainer. Taktische Vorgaben, Tipps und Tricks, Kniffe aus vielen Jahren Erfahrung in der Beobachtung anderer Teams und Spieler, formen aus einem Fußballenthusiasten einen Spitzentrainer, während er selbst auf dem Spielfeld keine 10 min bestünde. Aber aus seiner Mannschaft das herausholen, was an Kapital in ihr schlummert, ist sein Metier. So hat jeder Mensch seine Begabung. Nutzen Sie die eines kompetenten Beraters, wenn Sie auf der Stelle treten, und Sie werden schnellstens erfahren, welche Talente in Ihnen schlummern. Und können diese dann auch leben und integrieren (Abb. 4.2).

4.2.2.3 Relationship (Beziehungsmanagement)

Sichern Sie sich ab. VERsichern Sie sich der Unterstützung Ihrer aufgebauten Beziehungen. Freunde, Partner oder Kollegen, die sich im Kontext der Anfrage „bewegen", können Ihnen unter Umständen beim Nein sagen helfen. Das kann bei einem „XY meint auch..." anfangen und bis dahin führen, dass XY sich selbst äußert und Argumente liefert oder um Verständnis bittet, weil Sie augenblicklich nicht liefern können.

Deshalb sind Netzwerke so enorm wichtig. Auch wenn das immer wieder von vielen Anti-Netzwerkern in Frage gestellt wird. Netzwerke schaden nur dem, der keine Netzwerke hat.

4.2.2.4 Flexibility (Flexibilität)

Wenn sich Ihnen beim Nachdenken über Ihr Nein womöglich eine Alternative angeboten hat, so bringen Sie diese an. Damit zeigen Sie eine große Empathie. Sie beweisen, dass Sie zwar zuerst sich im Visier haben, wenn Sie die Bitte ablehnen, aber gleichzeitig in der Lage sind, über Ihren Horizont hinauszudenken. Eine Alternative in der Hinterhand, wie beim Kartenspiel, vielleicht noch das richtige As im Ärmel – und Sie bringen dem Bittsteller womöglich sogar einen größeren Mehrwert, als bei Ausführung durch Ihre eigene Person.

Es gibt Menschen, die haben auf alles eine alternative Antwort. Darum geht es nicht. Ich will Ihnen hier kein Nein-Gegenleistungsprinzip ans Herz legen. Nein, oberste Priorität hat das Nein sagen lernen, ohne Rechtfertigungsdruck! Doch wenn Sie eine Alternative aus dem Ärmel schütteln können, warum sie dann nicht auch präsentieren.

Oder Sie nutzen Sie das Performer „E" vom Empowerment, gewinnen zunächst einmal Zeit, in er sich dann Alternativen eröffnen. So bauen Sie sich eine tragfähige Brücke zum Nein, weil Ihnen selbst eine Alternative ein gutes Gefühl gibt. Das ist erlaubt – so lange Sie sich damit nicht einem neuen, eigenen Druck aussetzen.

4.2.2.5 Optimism (Optimismus)

Sie haben die Entscheidung getroffen. Bleiben Sie dabei. Glauben Sie an Ihr Nein und damit an sich. Sehen Sie das Nein nachhaltig positiv besetzt. Mit einer positiven geistigen Grundeinstellung, bekommt Ihr Nein noch mehr Kraft und Durchsetzungsvermögen. Glauben Sie daran, dass Ihr Nein Sie weiterbringt? Natürlich glauben Sie daran. Das haben Sie doch schon im Punkt P (Purpose = Sinn) abgehandelt.

Wichtig hierbei: Ihr Umfeld spürt, wenn Sie voll und ganz hinter Ihrem NEIN stehen. Sie strahlen Sicherheit aus, stehen mit beiden Beinen fest auf dem Boden. Man akzeptiert Sie.

4.2.2.6 Respect (Respekt)

Bringen Sie Ihr Nein, das ja trotz allem immer noch eine Absage deklariert, respektvoll herüber. In der Regel kam die Bitte ja nicht aus einer schlechten Absicht heraus. Vielleicht aus Gedankenlosigkeit oder den mit Ihnen bislang gemachten Erfahrungen. Aber dazu hätten Sie ja dann auch Ihren Teil beigetragen. Nun geht es darum, diese Konditionierungen nicht nur bei Ihnen, sondern auch bei Ihrem Gegenüber aufzubrechen. Sicher und bestimmt, aber keineswegs unfreundlich oder brüsk.

Sie werden erleben, dass Ihnen das fast spiegelbildlich auch zuteil wird. Einem Nein Sager gebührt Respekt. Weil er konsequent ist und damit zuverlässig. Ein aufrichtiger Mensch wird das zu schätzen wissen. Ihm wird es lieber sein, Sie äußern sich geradlinig, als „herumzueiern" und das Anliegen dadurch vielleicht nur halbherzig auszuführen. Und so nehmen sich vielleicht sogar (andere) Kollegen oder Freunde ein Beispiel an Ihnen:

„Hast du gehört – der Peter hat Nein gesagt. Das hätte ich mich nie getraut." Ja, wer nein sagt, muss eventuell auch mit Neid rechnen.

4.2.2.7 Motivation (Motivation)

Setzen Sie sich selbst Motivationsanreize. Kreieren sie Ihr eigenes „Belohnungssystem". Werfen Sie zum Beispiel bei jedem Nein 5 € in eine Spardose und benennen Sie für sich ein „Ziel". Das muss ja nicht in einen Wettbewerb ausarten, möglichst schnell die „Kasse" voll zu haben und deshalb möglichst immer und zu allem Nein zu sagen. Es geht dabei nicht vorrangig darum gegen sich selbst anzutreten. Und doch kann es dazu führen, dass Sie beginnen sich darin zu üben und förmlich Situationen suchen, wo Sie Nein-Sagen und sich „belohnen" können. Wie schön ist es doch, wenn sich auf diese Art und Weise die Urlaubskasse auf 1000 € füllt. Geld, das Sie dann für Essen, Party, Golfen oder ein Geschenk verwenden können, um so sich oder jemand anderem eine Freude bereiten zu können. Setzen Sie sich belohnenswerte Nein-Ziele – und das Nein gewinnt eine noch größere Macht!

4.2.2.8 Energy (Kraft)

Das Nein versetzt keine Berge. Nein, Sie versetzen Berge. Indem Sie immer mehr Kraft daraus schöpfen, dass Sie weniger an sich zweifeln. Weil Sie wissen: Ihre Meinung, Ihre Entscheidungskraft, Ihr Selbstbewusstsein hat Sie für sich sorgen lassen. Ihr Energielevel wird sich somit stetig erhöhen. Mit jedem Nein holen Sie sich mehr Sicherheit in Ihr Leben, sind Sie weniger angreifbar und können gelassener durchs Leben gehen. Wäre alleine der Punkt nicht schon genug wert, um einfach häufiger Nein zu sagen?

Verbrauchen Sie also keine Energie mehr, sondern setzen Sie sie für weitere, andere Aktionen frei. Diese Energie können Sie für neue Tätigkeiten verwenden. Vielleicht für etwas, was Sie immer schon tun wollten, aber es noch nie gewagt haben zu tun.

4.2.2.9 Result (Ergebnis)

Das Schöne am „Nein" ist: Sie haben plötzlich mehr Zeit für die wichtigen Dinge im Leben. Denken Sie nur ein paar Sekunden an die Dinge, die Sie tun könnten, wenn Sie Tag für Tag nur ein bisschen mehr Nein sagten und dadurch ein paar Minuten mehr Zeit hätten? Was würden Sie tun? Ja, klar: alles das, wozu Sie Ja sagen möchten ☺

Eigentlich können Sie mit einem Nein nur gewinnen. Es ist eine Aufwärtsspirale zum persönlichen Erfolg. Sie werden sehen: Je mehr Sie das INA-Model oder das Performer-Nein üben, umso sicherer und flexibler gehen Sie in den jeweiligen Situationen um.

4.3 Das kleine Vokabelbuch für „Nein"-Sager

* Nimm es nicht bitte persönlich, aber XX ist mir momentan wichtiger, aber…
* Ich bin gerade dabei, mich auf sehr wichtige Dinge in meinem Leben zu konzentrieren, da…
* Ich möchte andere Prioritäten setzen, was aber nicht heißt, dass mir deine Freundschaft nicht sehr viel bedeutet…
* Ich sage nicht „ich habe keine Zeit", ich möchte gerne ehrlich zu dir sein, ich habe mich nur entschieden, meine Zeit XX zu widmen.
* Ich bin nicht deiner Ansicht, aber das ist meine persönliche Meinung.
* Momentan passt es mir nicht so gut, aber lass uns doch zusammen überlegen, wie wir es an einem anderen Tag hinbekommen könnten.

* Ich möchte darüber erst nachdenken.
* Vermutlich gibt es jemanden, der diese Aufgabe besser erledigen kann als ich.
* Mir ist lieber, ich widme mich …
* Nein, das möchte ich nicht
* Du möchtest mich jetzt mit allen Mitteln dazu bringen, dass ich Ja sage – tut mir leid, aber das zieht dieses Mal nicht.
* Ihnen scheint es sehr wichtig zu sein, mich umzustimmen. Aber ich kann mich leider nur noch mal wiederholen, dass ich es heute keinesfalls schaffe umzusetzen.

4.4 Der Lernprozess

Bislang ging es um die Kommunikation des Nein. Mein beharrlicher Aufruf den Mut aufzubringen, in sich hineinzuhören und die innere Stimme dann auch ernst zu nehmen. Und nun kommt etwas Gemeines. Denn nachfolgend möchte ich Ihnen aufzeigen, welche Schwierigkeiten auftreten können, wenn Sie Nein gesagt haben.

Vielleicht gehören Sie zu den Menschen, die die Verhaltenskehrtwende wunderbar hinbekommen. Und die sich von nun an nicht mehr in Frage stellen. Aber vielleicht ist es auch anders. Nicht schlechter, sondern nur anders. Der Lernprozess geht dann eben noch ein wenig weiter. Weil wir nicht alleine sind auf der Welt. Weil unsere Mitmenschen mit anderen Lernprozessen beschäftigt sind oder auf der Stelle verharren, ohne jedwede Persönlichkeitsentwicklung. Weil Sie die dann „abhängen", indem Sie eigenständige Entscheidungen treffen und diese als reine Ichbezogenheit ausgelegt werden. Das kann wehtun und zu erneuten Selbstzweifeln führen. Wir haben Nein gesagt und schon kommen Engelchen und Teufelchen und die Frage, wer nun eigentlich von beiden wer ist und wer uns zu was rät.

Und uns beschleicht das Gefühl, dass wir demjenigen, dem wir die Bitte abgeschlagen haben, nun doch, trotz allen umsichtigen Abwägens und vorsichtigem Nahebringens, fürchterlich auf die Füße getreten sind. Wir suchen also nach Argumenten, nach Entschuldigungen und kommen in den Teufelskreis des schlechten Gewissens. Wieder mal. Wo es doch genau das war, was wir ablegen wollten. Wir haben jemanden enttäuscht, was wir eigentlich nicht wollten, und wollen es deshalb nun wieder gut machen. Aber zu welchem Preis?

Wir strudeln direkt in eine Spirale hinein, in der wir uns, statt uns um wirklich wichtige Dinge zu kümmern, fragen: Haben wir uns nicht genug angestrengt? Was hätten wir besser machen können? Warum nur haben wir Nein gesagt? Können wir es nicht revidieren und doch noch Ja sagen?

In dieser Zeit, in der wir uns all diese Fragen stellen, hätten wir auch mit dem Hund rausgehen, den Abwasch erledigen oder auch wichtige Rechnungen bezahlen können. All das, Sie merken es, führt eigentlich zu gar nichts. Und doch schlagen wir uns ständig mit derlei Schwierigkeiten herum, die uns keinen Deut weiterbringen. Und schlimmer noch: Die alten Verhaltensmuster klopfen wieder an und lassen das Nein schon morgen wieder zu einem reflexartigen Ja werden. Wie kann ich das verhindern? Wie kann ich meinen Willen nicht nur erforschen, erkennen und ernst nehmen, sondern auch nachhaltig dazu stehen?

„Wir haben den Begriff des Willens erfunden, um die Idee des Handelns entwickeln zu können. Er bildet die begriffliche Plattform für den Gedanken des Tuns. Wachten wir morgens auf und hätten ihn vergessen, so hätten wir auch die Ideen des Tuns, der Urheberschaft und des Handlungssinns vergessen." So argumentiert Peter Bieri in seinem Buch „Das Handwerk der Freiheit. Über die Entdeckung des eigenen Willens" (2003) und gibt damit einen guten Anhaltspunkt.

Wenn wir also etwas wollen, sollten wir auch danach handeln. Und wenn wir handeln, aufgrund unseres Wunsches dies so zu tun, dann fehlt jeder Grund, dies hinterher, nach Abschluss des Vorgangs noch einmal in Frage zu stellen. Im Gegenteil, es ist absurd und unlogisch. Leichtfertigkeit und Oberflächlichkeit sind nun wirklich keine Vokabeln, die man Menschen vorwerfen kann, denen es schwer fällt Nein zu sagen! Ganz im Gegenteil, so haben wir ja herausgearbeitet, steht diesen (Ihnen?) das Prinzip Selbstverweigerung sehr viel näher. Dies aufzubrechen dauert. Sie werden sich nicht von heute auf morgen gut damit fühlen, Nein gesagt zu haben. Geben Sie diesem Prozess Zeit. Was viele Jahre währte und ein Teil Ihrer Persönlichkeit war, kann nicht in wenigen Momenten/Monaten völlig problemlos umgepolt werden.

Was Ihnen dabei ganz klar hilft, sind jene Menschen, die ich weiter oben schon einmal beschrieb, die Ihnen Ihr Nein nicht nur nicht krumm nehmen, sondern Ihnen sogar spiegeln, wie gut Sie Ihre Konsequenz finden. Und dass dadurch nicht die Welt untergeht, sondern sie nun einfach nur jemand anderen fragen müssen oder es eben selbst machen. Auch eine stumme Quittierung, in die Sie (dann aber bitte!) bewusst nichts hineininterpretieren, bringt Sie weiter.

Und wenn es dann mal so sein sollte, dass Sie Vorwürfe bekommen, dann halten Sie sich die Ohren zu. Lassen Sie sich niemals auf Diskussionen ein. Sie dürfen einmal Ihre Gedankenkette zum Ausdruck bringen, nicht um sich zu rechtfertigen, sondern um sich zu erklären. Das werden Sie kein zweites Mal tun! Denn sonst begeben Sie sich in die Gefahr, dass Ihre Argumente der Wahrnehmung einer anderen Person ausgesetzt werden, die garantiert Gegenargumente zutage fördert. Die brauchen Sie nicht! Das sind die Argumente Ihres Gegenübers. Lassen Sie sie da. Ihr Weg ist ein anderer. Der der Stetigkeit und Beharrlichkeit sich selbst gegenüber.

Eine gute Übung, nicht wieder den alten Verhaltensmustern anheim zu fallen ist es, selbst um Hilfe zu bitten. Sagen Sie mal ehrlich: Wie oft kommt das vor? Und wenn Sie es tun:

Können Sie ein Nein akzeptieren oder neigen Sie selbst dazu, den anderen umstimmen zu wollen? Finden Sie es angemessen, wenn andere Ihren Bitten nicht immer nachkommen oder fühlen Sie sich dann verletzt oder beleidigt? Können Sie mit Ihrer Enttäuschung gut umgehen oder werden Sie wütend?

Die Erfahrung lehrt, dass gerade Menschen, die nur schlecht eine Bitte ablehnen können, genauso schlecht in der Lage sind, eine ebensolche vorzubringen. Aber auch das ist erlernbar. Und dies zu tun, passt auch wunderbar in das Konzept das Nein sagen zu lernen. Denn warum machen Sie es so selten? Vielleicht, weil Sie fürchten, dass man Ihr Ansinnen ablehnt? Ja, kann sein. Und durch dieses Buch erleben Sie das vermutlich sogar noch häufiger als davor… Aber was bedeutet das dann? Bedeutet es Ablehnung? Negation? Abwehr? Ich denke, DAS haben wir nachhaltig geklärt!

Jeder Mensch möchte gemocht werden. Der eine mehr, der andere weniger. Ihnen bedeutet es vermutlich mehr. Und um keine Ablehnung empfinden zu müssen, egal, ob sie wirklich vorhanden ist oder nicht, fragen Sie nicht viel um Hilfe und antworten meistens mit Ja. Tolle Strategie. Denn was bedeutet das unter dem Strich? Sie haben jede Menge zu tun. Für sich und für andere.

Entscheiden Sie für sich, ob Sie beide Verhaltenstrainings auf einmal anwenden oder eine nach der anderen. Aber ich garantiere Ihnen, beide Verhaltensweisen liegen so eng beieinander, dass die Änderung der einen, die Änderung der anderen unterstützt. Geben Sie sich diese Unterstützung! Seien Sie gut zu sich selbst. Werden Sie zum Kümmerer um sich selbst. Niemand kann das so gut, wie Sie!

Literatur

Bieri P (2003) Das Handwerk der Freiheit: Über die Entdeckung des eigenen Willens. Fischer, Frankfurt a. M.

5

Das Wesen des „Nein"

Menschen sind, handeln und denken unterschiedlich und das ist auch gut so. Und so verschieden die Menschen sind, so verschieden ist auch die Art und Weise, wie die Menschen Nein Sagen. So kann man folgende Nein-Sager Charaktere beobachten.

5.1 Der Vermeider

Es liegt in der Natur der Sache, dass ein Vermeider das „Nein" sagen hasst, wie der Teufel das Weihwasser. Sein Lebensmotiv ist das Streben nach Harmonie. Konflikte mit seinen Mitmenschen versperren ihm den Zugang zu der Geborgenheit, die er braucht um ausgeglichen zu sein. Dafür ist er bereit seine Bedürfnisse an die der anderen anzupassen.

Der „Kitt" des Teams zu sein, birgt jedoch Gefahren. Verinnerlichen Sie, dass Sie auch für sich sorgen sollten, wenn Sie mal nicht von allen geliebt werden. Sie gewinnen nicht die Achtung Ihrer Teamkollegen, nur weil Sie nach deren Pfeife tanzen. Und Sie verlieren nicht deren Respekt, nur wenn Sie auch einmal Grenzen ziehen. Der, der sie übertritt, agiert respektlos, nicht der, der sie steckt! Dazu kann es jedoch notwendig sein, auch einmal konkret nachzufragen, statt lediglich anhand der gefühlten Stimmungen zu entscheiden. Drängt sich Ihnen dann ein „Nein" auf, so artikulieren Sie es auch. Deutlich vernehmbar! Dies ist ihr selbstverständliches Recht und Sie können es begründen, wenn es Ihnen damit besser geht, aber Sie sollten es ohne Rechtfertigungsdruck tun. Dabei geht es nicht darum, Ihr Empfinden, gerne für andere da zu sein, komplett zu negieren. Aber es ist wichtig die Balance zu finden. So wird es Ihnen von Mal zu Mal leichter fallen, nicht immer nur für andere da zu sein, sondern mindestens gleichermaßen auch für sich einzutreten.

5.2 Der Selbstverneiner

Anpassungsbereitschaft ist auf einen Selbstverneiner bezogen, schon fast ein Euphemismus. Das Projekt steht für ihn über allem und der dafür geleistete Einsatz grenzt manchmal an Selbstvergessenheit. Diese Form der Perfektion gefällt natürlich dem Kollegenkreis, weil sie nicht nur nutzt und weiterbringt, sondern auch den eigenen Anteil herunterschraubt.

In Letzterem zeigt sich aber auch die Gefahr, denn eine Überforderung ist naheliegend. Dann fallen Ihnen die Fäden aus der Hand und der positive Effekt für das Team verpufft. Stellen Sie nicht den Anspruch der Fehlerlosigkeit über alles, sondern bleiben Sie realistisch in Ihren Zielsetzungen. Jedes Menschen Leistungsfähigkeit sind Grenzen gesetzt. Auch Ihnen. Beachten Sie diese, indem Sie pragmatisch den Auftrag ausloten. Erkennen Sie die Sprengung Ihres Plans, durch weitere Aufgaben, wird Ihnen ein „Nein" dazu selbst logisch erscheinen und in Zukunft immer leichter fallen.

5.3 Der Kämpfer

Der Kämpfer braucht und sucht die Auseinandersetzung. Er läuft erst zur Hochform auf, wenn er sich an seinem Gegenüber reiben kann. Dass es immer Energie braucht, sich durchzusetzen, ist dabei egal: Hauptsache er gewinnt! Das Team wird dadurch zwar zum Mitläufer degradiert, doch gleicht sich das durch die Power und Hartnäckigkeit dieses Typus wieder aus. Das führt zum Ziel und nutzt somit letztlich allen.

Aber auch ein Kämpfer hat irgendwo Schwachstellen. Diese wahr- und anzunehmen ist wichtig, um nicht auszubrennen. Da kann es auch schon mal notwendig sein, andere um Hilfe zu bitten und dem Team auch kollegiale Chancen zu geben. Machen Sie sich klar: Das mindert Ihre Leistungskurve nicht, sondern im Gegenteil, sie bleibt dadurch erhalten. Und: Arbeit ist nicht täglicher Kampf. Sie kann, darf und sollte auch Freude machen. Nicht erst der „Gewinn", der Abschluss des Projektes, sondern jeder einzelne Teil davon. Und mal hin und wieder einen Ausgleich zuzulassen, „Nein" zu sagen oder zu delegieren, und Ihrem Kampfgeist mal eine kleine Pause zu gönnen, wird Sie mit zusätzlicher Energie versorgen.

6
Das Nein gewinnt
– Erfolgsgeschichten

Um Ihnen, liebe Leserin und Ihnen lieber Leser, das Nein-Sagen schmackhaft zu machen, haben wir etliche Gespräche geführt. Im Nachfolgenden erfahren Sie viele Beispiele, wann sich Nein-Sagen wirklich gelohnt hat.

Starten möchte ich dieses Kapitel mit einer meiner eigenen Geschichten zum Thema Nein-Sagen. In den Jahren 1994–2002 war ich für einen großen amerikanischen Konzern in verschiedensten Positionen tätig. Vom Solution Designer zum Projektleiter. Vom Projektleiter zum Krisenmanager. Vom Krisenmanager zum Engagement Direktor Europa. Schlussendlich war ich die Nummer zwei in Europa und hatte eine Verantwortung für Umsätze im dreistelligen Millionenbereich. Doch selbst in dieser Funktion war ich nicht frei in meinen Entscheidungen. Ich führte zwar ein eigenes Profitcenter, aber das war auch alles. Sämtliche wichtigen Entscheidungen wurden in Amerika getroffen, egal ob es mir und meiner Abteilung gut tat. Viele Amerikaner sind in dieser Hinsicht einfach naiv gestrickt. Sie glauben, selbst im Top-Management, dass das was in Amerika funktioniert, auch in Europa funktioniert. Und das ohne Anpassungen an die Kultur oder Sprache. So kennen viele Amerikaner nicht den Unterschied zwischen der Schweiz und Schweden, und Deutschland besteht für viele nur aus München (Bier), Nürnberg (Lebkuchen) und Rothenburg (Weihnachtsmarkt).

Und so kam es, wie es kommen musste. In Europa gab es zwei Profitcenter die profitabel waren. Das eine lag in Belgien und wurde von meinem Kollegen Alex geführt und das meinige lag in der Schweiz. Warum wir in Belgien und in der Schweiz erfolgreich waren, ist einfach erklärt. Wir beide sagten grundsätzlich Nein zu den amerikanischen Entscheidungen. Wir fällten unsere eigenen, angepasst an die jeweilige Kultur und Sprache des Landes. Über die Jahre waren wir daher sehr erfolgreich, allerdings schufen wir uns dadurch in der europäischen Spitze und natürlich im amerikanischen Konzernpräsidium keine Freunde. Wir waren zwar erfolgreich, aber eben auch unbequem.

Eines Tages gab es wieder einmal eine jener amerikanischen Entscheidungen, die ich nicht mehr mittragen konnte. Sie bedeutete einen kompletten Richtungswechsel für die Produkte und Dienstleistungen. Außerdem den Austausch von mehr als der Hälfte unserer Mitarbeiter. Es hätte andere Wege gegeben, um diesen strategischen Richtungswechsel zu gehen, nämlich einen ohne erfolgreiche und loyale Mitarbeiter zu entlassen. Doch hier bissen Alex und ich auf Granit. Ich sage Ihnen, es tut verdammt weh, wenn Sie erfolgreichen Mitarbeitern die Kündigung aussprechen müssen. Schlimm genug schon, wenn Sie überhaupt kündigen müssen, aber hier war es ethisch einfach nicht vertretbar.

Basierend auf dieser Entscheidung beschlossen Alex und ich selbst zu kündigen und somit Nein zum amerikanischen Konzern und seinem Führungsstil zu sagen.

Axel ist heute erfolgreich als Europachef in einem japanischen Konzern beschäftigt; ich gründete meine eigene Beratungsfirma. Ich sagte Nein zum Konzern und ich ging damit ein Risiko ein. Natürlich war es ein steiniger und harter Weg. Doch er hat sich für mich gelohnt. Ich habe durch dieses Nein heute wesentlich mehr erreicht, als ich je in Konzernen erreicht hätte. Heute besitze ich zwei Firmen und bin Geschäftsführer in einer Dritten. Zudem stehe ich als Vortragsredner und Kabarettist erfolgreich auf der Bühne. Nein gewinnt, ja für mich hat sich das gelohnt. Heute kann ich wunderbar meine Ziele und Wege verfolgen und zwar so wie ich es möchte. Ich habe die Macht über mich frei zu entscheiden.

6.1 Trotz Nein, die gleiche Anerkennung

Zu oft erlebte ich eine Stresssituation, weil ich mir sich selbst zu viele Aufgaben oder Aktivitäten zumutete. Ich wollte es allen recht machen und am besten so schnell wie möglich. Bei der Arbeit traute ich mich oft nicht nein zu sagen, weil ich Ärger von meinem Vorgesetzten befürchtete und einfach Angst hatte, meine Stellung im Team zu verlieren. Zu viele Aufgaben musste ich dann gleichzeitig bewältigen. Ich konnte mich nicht mehr voll auf eine Sache konzentrieren und so begann ich Fehler zu machen. Durch solche Fehler oder nur halb bewältigte Aufgaben, die sich dann wie ein Berg vor einem auftürmen, geriet ich nur noch mehr in Stress.

Schlussendlich fand ich für mich eine Lösung. Ich lernte Nein zu sagen, ein begründetes Nein. Nun habe ich weniger Stress, erledige meine Aufgaben mit weniger Fehlern und genieße im Kollegenumfeld nach wie vor die gleiche Anerkennung, nur gelassener.

Philipp Meyer, Student

6.2 Ich war zu gutmütig

Unter Freunden und Kollegen sind Ja Sager sehr beliebt, weil sie unbequeme Aufgaben übernehmen und Wünsche der Personen in ihrer Umgebung nie abschlagen. Ein Hauptgrund dafür, dass die Ja Sager bei ihren Freunden und Kollegen nicht schlecht hingestellt werden wollen. Dabei sind sie im Nachteil, weil sie in den meisten Fällen den Kürzeren ziehen und schnell für ihr Ja sagen ausgenutzt werden.

Deshalb ist es für das eigene Wohlbefinden besser, wenn man nicht zu jeder Sache Ja sagt. Eine Sache, auf die man in Wirklichkeit keine Lust hat, trotzdem zu erledigen, um einer anderen Person einen Gefallen zu tun, ist ab und zu in Ordnung, aber wenn es öfters auftritt wird es zur Last.

Es gibt viele Beispiele dafür, dass wenn man ein Nein sagt für mich selber positiver ist. So kommt ein Freund oder ein Bekannter zu mir und fragt mich, ob ich ihm Geld ausleihen kann. Er hat Geldprobleme und ich als Freund denk mir nichts dabei und leihe ihm 200 €. Er verspricht mir, dass ich das Geld nach einem Monat wieder zurückbekomme. Schön und gut. Nach zwei Wochen kommt dieser eine Freund wieder und fragt mich nochmal, ob ich ihm die gleiche Summe wieder leihen kann. Da ich mir wieder nichts dabei denke, gebe ich ihm das Geld ohne Nachzufragen für welchen Zweck er so eine Summe braucht. Nach einen Monat habe ich das Geld immer noch nicht zurückbekommen. Nach einem halben Jahr auch nicht. Dann bekomme ich mit, dass er das Geld für Automaten ausgegeben hat und obwohl er Geld besitzt, sich nicht bei mir meldet um das geliehene Geld zurückzugeben. Ich spreche ihn darauf an und es kommt keine Reaktion. Durch diese Aktion habe ich jetzt Stress, weil ich mein Geld nicht zurückbekomme, obwohl es auch nicht am Geld liegt. Es geht einfach nur ums Prinzip das man Geliehenes wieder zurückgibt.

Ein anderes Beispiel ist meine Gutmütigkeit. Wenn ich gefragt werde ob ich eine Person irgendwo hinfahre, ist es ja nicht schlimm. Wenn die Person aber merkt, dass ich kein Neinsager bin, wird sie dauernd mich fragen. Aus einem Gefallen folgen weitere Gefallen bis ich in einem Teufelskreis gerate und aus dem komme ich nicht mehr so schnell heraus.

Zu oft ließ ich mich überrumpeln und sagte zu schnell ‚Ja' zu etwas. Ehe ich mich versah hatte ich zugesagt, obwohl ich es mir nicht bewusst war und es eigentlich auch nicht wollte. Zu oft ärgerte ich mich dann selbst, warum habe ich bloß zugesagt.

Weiter auch, ich ärgerte mich auch über die anderen warum diese so egoistisch sind und dadurch meine eigenen Bedürfnisse komplett ignoriert wurden. Ich fühlte mich in meiner eigenen Haut nicht mehr wohl. Ich wurde aggressiv und fühlte mich massiv gestresst. Daher, ein einfaches Nein kann mehr für die Gesundheit bewirken als man denkt.

Ein anderer Punkt ist nun, dass ich als geübter Nein-Sager mehr Energie für mich habe. Dadurch kann ich meine eigenen Ziele besser verfolgen. Die Zeit, die ich für andere Person investierte, setzte ich nun für sich selber ein. Ich habe mehr Erfolgserlebnisse, da ich mich einfach mehr auf eine Sache konzentrieren kann und ich nicht nachdenken muss, es anderen Leuten Recht zu machen.

Nicht nur die Erfolgserlebnisse nahmen zu sondern auch mein Selbstbewusstsein. steigt dadurch automatisch. Ich wurde von den anderen trotzdem respektiert und nicht als Idiot gesehen. Das Ablehnen sollte deshalb auch gelernt werden. Natürlich wächst man vom Kindesalter auf, ein Ja Sager zu sein. Alleine aus den Gefühl heraus gebraucht und anerkannt zu werden. Man möchte ja auch nicht egoistisch dastehen und deshalb ist für die meisten von uns auch ein Ja der einfachste Weg. Langfristig gesehen aber ist der Weg mühsamer, weil man seine ganze Energie in die Wünsche anderer steckt. Deshalb ist es nur ein Vorteil Nein zu sagen. Auch ich musste mir als erstes bewusst machen, welche Vorteile das Nein-Sagen für mich selbst hatte. Als ich das getan hatte, meine Vorteile wie mehr Zeit, mehr Selbstbewusstsein und vor allem mehr Ausgeglichenheit zu verstehen und sinnvoll für mich einzusetzen. Ab dann was Nein-Sagen kein Problem mehr für mich.

Anastasios Efthimiadis, Student

6.3 Zur Nummer 1 am Zirkushimmel

So kann es gehen: Guy Laliberté, einst Akkordeonspieler, Stelzenakrobat und Feuerschlucker, ist heute CEO von Cirque du Soleil (Kim und Mauborgne 2005). Der wohl bekannteste kanadische Kulturexport konnte in den 20 Jahren seit seiner Gründung durch eine Gruppe von Straßenkünstlern (1984) fast 40 Mio. Zuschauer in 90 Städten auf der ganzen Welt verbuchen. Damit erreichte Cirque du Soleil in nur zwei Jahrzehnten ein Umsatzniveau, für das Ringling Bros. and Barnum & Bailey, der Weltführer in der Zirkusbranche, über ein Jahrhundert brauchte.

Das ist umso bemerkenswerter, weil es sich in einer von der Rezession getroffenen Branche abspielte – also in einem Bereich, dem die klassische strategische Analyse kaum Wachstumsmöglichkeiten einräumte. Auf der einen Seite stand die immense Verhandlungsmacht der Zulieferer (der Stars der Manege), auf der anderen der wachsende Druck von Markt und Kunden, mehr zu liefern als bisher. Andere Formen der Unterhaltung – von Sportveranstaltungen bis zu den Videos, die man sich zu Hause im gemütlichen Sessel ansehen konnte – warfen immer längere Schatten. Die Kinder wollten nicht mehr in den fahrenden Zirkus gehen, sondern lieber eine Play-Station haben. Daher litt die Branche unter sinkenden Zuschauerzahlen, Umsätzen und Gewinnen. Außerdem kämpften die Tierschützer verstärkt gegen die Dressur im Zirkus. Ringling Bros. and Barnum & Bailey setzte den Standard, und die kleineren Zirkusse zogen mit abgespeckten Versionen nach. Unter dem Gesichtspunkt einer wettbewerbsbasierten Strategie war die Zirkusbranche somit unattraktiv.

Der Erfolg von Cirque du Soleil war auch deshalb so zwingend, weil die Zuschauergewinne nicht auf Kosten der bereits schrumpfenden Zirkusbranche gingen, deren Hauptkunden ja schon immer die Kinder waren. Cirque du Soleil trat nicht als

Konkurrent von Ringling Bros. and Barnum & Bailey auf. Man schuf vielmehr einen neuen Markt, wo es keine Konkurrenz gab. Cirque du Soleil sprach nämlich eine völlig neue Kundengruppe an: Erwachsene und Firmenkunden, die bereit waren, für ein ganz neuartiges Freizeiterlebnis einen Preis zu zahlen, der um ein Mehrfaches über dem der traditionellen Zirkusse lag. Nicht umsonst hieß eine der ersten Produktionen „Wir erfinden den Zirkus neu!"

Neue Märkte

Cirque du Soleil hatte Erfolg, weil man dort erkannte, dass die Unternehmen in Zukunft nur gewinnen können, wenn sie nicht mehr gegeneinander antreten. Die Konkurrenz lässt sich nur auf eine Weise schlagen: indem man aufhört, es zu versuchen. Um verstehen zu können, was Cirque du Soleil geschafft hat, wollen wir uns ein Marktuniversum vorstellen, das aus zwei Arten von Ozeanen besteht: roten und blauen. Die roten Ozeane repräsentieren alle Branchen, die es heute gibt; sie bilden den bekannten Markt. Die blauen Ozeane dagegen stehen für alle Branchen, die es noch nicht gibt, also für die unbekannten Märkte.

In den roten Ozeanen sind die Grenzen der einzelnen Branchen genau definiert und werden akzeptiert; die Regeln für den Wettbewerb sind bekannt. 1 Die Unternehmen versuchen hier, ihre Konkurrenten zu übertreffen, um sich einen größeren Anteil an der vorhandenen Nachfrage zu sichern. Je enger es in diesem Markt wird, desto stärker sinken die Gewinn- und Wachstumschancen. Die Produkte werden zur Massenware, der Konkurrenzkampf wird immer härter.

Die blauen Ozeane dagegen werden durch bisher noch nicht erschlossene Märkte, die Erzeugung von Nachfrage und die Aussicht auf höchst profitables Wachstum definiert. Auch wenn manche weit außerhalb der bisherigen Branchengrenzen erschlossen werden, entstehen die meisten aus roten Ozeanen heraus, durch eine Ausdehnung der existierenden Branchengrenzen

– wie bei Cirque du Soleil. In den blauen Ozeanen spielt der Wettbewerb keine Rolle, da die Spielregeln erst noch festgelegt werden müssen. Es wird immer wichtig bleiben, durch Überflügeln der Konkurrenz erfolgreich im roten Ozean zu schwimmen. Die roten Ozeane werden auch weiterhin zum Leben der Unternehmen gehören. Da das Angebot aber in immer mehr Branchen die Nachfrage übersteigt, reicht es – wenn eine hohe Performance aufrechterhalten werden soll – nicht aus, sich dem Konkurrenzkampf um einen Anteil an den schrumpfenden Märkten zu stellen (obwohl das natürlich nötig ist). Die Unternehmen müssen über den Wettbewerb hinausgehen: Um sich neue Gewinne sichern und neue Wachstumschancen ergreifen zu können, müssen sie außerdem blaue Ozeane erobert.

Cirque du Soleil hat sich im Zirkuswettbewerb einen neuen Markt geschaffen. Die augenfälligste Besonderheit ist, dass anders als in konventionellen Zirkussen keine Tiere gezeigt werden. Vielmehr stehen hier der Künstler und die Kombination von Unterhaltungselementen wie Oper, Ballett und Rockmusik im Vordergrund. Die Musik wird dabei ausschließlich live gespielt. Zielgruppe sind nicht mehr vornehmlich Familien mit Kindern, sondern Erwachsene, die bereit sind, für hochwertige Unterhaltung einen entsprechend höheren Eintrittspreis zu bezahlen.

Gemeinsam haben die Unternehmen diese Aspekte:

1. es wurde neue Märkte geschaffen
2. der Konkurrenz wurde ausgewichen
3. eine neue Nachfrage wurde erschlossenen
4. der direkten Zusammenhang zwischen Nutzen und Kosten wurde ausgehebelt
5. das Gesamtsystems der Unternehmensaktivitäten wurde auf Differenzierung und niedrige Kosten ausgerichtet

Doch warum ist schlussendlich Cirque des Solail so erfolgreich geworden. Weil Cirque des Solail NEIN gesagt hat. Nein zum normalen Zirkus Alltag, nein zu Tieren und nein zur ungemütlicher Zirkusatmosphäre.

6.4 Das Leben massiv vereinfacht

Nein-Sager sind eine unbeliebte Spezies Mensch. Es sind Menschen, denen immer zuerst einfällt, was nicht funktioniert, warum etwas nicht geht oder welche Probleme überhaupt auftreten könnten. Jede Änderung bringt Durcheinander in ihr Denkgefüge.

Solche Typen nerven ganz einfach, weil sie jeden Verdacht auf eine funktionierende Lösung im Ansatz torpedieren. Es gibt allerdings auch Situationen, in denen ein „Nein" vor Schaden und Ärger bewahren kann.

Als ich auf das Thema der Nein Sager stieß, da fiel mir ein, wie mir vor vielen, ganz vielen Jahren ein „Nein" ziemlich viel Ärger und Kosten ersparte.

Ich war damals als Produktmanager eines US-Unternehmens in Bonn beschäftigt. In unserem Büro, mit Blick auf die herrliche Landschaft, saß mir gegenüber mein dänischer Kollege Trols. Wir verstanden uns sehr gut, waren beide immer etwas kreativer als der Rest der Mannschaft, wurden deshalb von manchem Reichsbedenkenträger gelegentlich belächelt oder nicht verstanden. Egal, uns machte unser Job Spaß, weil wir viel bewegen und verändern konnten.

Eines Sonntagsmorgens klingelte es an unserer Wohnungstür. Entgegen unserer Gewohnheit waren wir etwas früher aufgestanden und gerade beim Frühstück. Trols stand vor uns. Er war ziemlich aufgeregt.

„Trols, du hier, bei uns, am Sonntag? Was verschafft uns die Ehre?" „Ich muss unbedingt mit dir reden." Und er redete. Er hatte nämlich in der Nacht einen Traum, wie wir richtig Geld verdienen könnten.

Der Hintergrund – kurz erzählt: Trols war liiert mit einer Freundin aus Jugoslawien. Das gab es damals tatsächlich noch, ein Land, über das der ehemalige Regierungschef Tito einmal sagte: „Lüftet nie den Deckel, den ich über dieses Land gestülpt habe."

Damals sprach man noch über Jugoslawien als Staat und nicht über Slowenien, Kroatien und all die Teilstaaten, die sich nach Titos Tod untereinander bekriegten und sich mehr oder minder auch heute noch untereinander nicht grün sind.

Trols Freundin stammte aus diesem Staatsgebilde. Ihr Name war R. (aus Datenschutzgründen abgekürzt). Sie hatte Trols öfter davon berichtet, dass die jugoslawischen Gastarbeiter sich häufig darüber beklagten, dass sie in Deutschland keine Literatur in ihren Heimatsprachen (Serbisch, Kroatisch usw.) fänden.

Trols nächtlicher Traum: Wir gründen einen Verlag für diese Zielgruppe. Eine echte Marktlücke. Ich fand die Idee super, erfolgversprechend. In den nächsten Tagen entwickelten wir (während unserer Arbeitszeit) Ideen, wie man das Geschäft organisieren könne.

Trols Freundin wäre wegen ihrer, für das Geschäft unbedingt erforderlichen Sprachkenntnisse, die ideale Kontaktperson zu Lieferanten und Endkunden. Eigentlich wäre sie die eigentliche Schlüsselperson des Geschäfts.

Wir nahmen Kontakt auf zu Druckereien für die Herstellung von Werbeprospekten (damals gab es noch kein Internet), zu Verlagen in Jugoslawien und einigen potenziellen Kunden zur Eruierung von Marktpotenzialen.

Als wir unser Konzept weitestgehend fertiggestellt hatten, ging es um die entscheidende Frage: Wer von uns wäre in kritischen Situationen letztendlich der Entscheider, wessen Wort würde für das Weitergehen entscheidend sein?

Uns waren nämlich aus diversen Branchen Firmen bekannt, die wegen unterschiedlicher Auffassungen der Inhaber nicht mehr auf dem Markt präsent waren.

Trols kam auf die Idee, die Frage per Münzentscheid zu klären. Ich stimmte sofort zu. Wir nahmen eine (damals noch existierende) 50-Pfennig-Münze als Entscheidungshilfe.

Bliebe die Zahl oben, wäre ich der Boss. Wäre die Rückseite der Münze oben geblieben, dann hätte Trols das Sagen gehabt.

Die Entscheidung lag in der Luft. Trols schnippte die Münze hoch. Sie drehte sich in der Luft und kam zum Stillstand – im wahrsten Sinne des Wortes: Sie blieb nämlich stehen. Ich glaube zwar weder an Religionen noch an Gottesurteile, aber in diesem Moment kam ich echt ins Grübeln. Die Münze stand senkrecht. Wir schauten uns gegenseitig an und dachten beide im selben Moment dasselbe: Das war's wohl.

Mein „Nein" wurde von ihm zeitgleich synchron erwidert: „Nein, vorbei." Wohl eigentlich keine logischen Begründungen. Aber häufig gewinnt das Bauchgefühl über die rationalen Überlegungen. Unser Bauchgefühl war der Sieger, denn kurze Zeit später wurde Trols von seiner Freundin verlassen, der tragenden Säule unserer Geschäftsidee. Wie hätten wir dann dagestanden, ohne adäquate Sprachkenntnisse und ohne Wissen über die südländische Mentalität und die Bedürfnisse der Menschen aus dieser Region?

Trols und ich haben später häufiger aus Spaß 50-Pfennig-Stücke in die Luft geworfen, uns ist aber nie mehr der „50-Pfennig-Ständer" gelungen. Kein Wunder eigentlich, denn das Geldstück war nicht nur extrem schmal, sondern besaß auch eine Riffelung am Rand. Stehen bleiben war eigentlich unmöglich.

Das „Nein" hat uns, im Nachhinein betrachtet, vor Verlusten und Ärger gerettet. Wir haben uns häufiger über die Situation nach dem Weggang von R. unterhalten und beide festgestellt, dass unser „Nein" für unser Leben eine positive Entscheidung war. Nein sagen ist also nicht immer schlecht (wie so mancher Investor bei vermeintlich todsicheren Finanztipps schon feststellen musste).

Als ich Trols vor einigen Jahren zufällig im Stockholmer Flughafen traf, war seine erste Frage: „Hast du einen 50er dabei?" Wir konnten uns vor Lachen kaum halten. Die umstehenden Passagiere schauten etwas verblüfft. Sie konnten nicht ahnen, wie ein „Nein" unser beider Leben vereinfacht hatte.

Jürgen Goldfuss, Bestseller Autor und Trainer

6.5 Einfach bewusst ein Nein wahrnehmen

Mir persönlich fällt es, wenn ich ehrlich bin, auch durchaus schwer zu anderen Nein zu sagen. Zum Beispiel werde ich in meinem Fußballverein oft in Tätigkeiten verstrickt, die ich mir gerne ersparen würde. So bin ich mittlerweile seit drei Jahren Mitglied im Ausschuss, und an der Organisation von jeglichen Festen beteiligt. Auch wenn mir diese Arbeiten nicht unbedingt missfallen, würde ich sie mir oftmals gerne ersparen, da ich in dieser Zeit doch wichtigere Dinge erledigen könnte. Zu vielen dieser Arbeiten bin ich auch nur gekommen, weil ohne groß darüber nachzudenken nicht „Nein" gesagt habe. Obwohl mir das sicher niemand übel genommen hätte. Allerdings will man ja als hilfsbereit gelten und nicht als fauler Egoist, der nichts für den Verein tut. Doch wenn ich am Wochenende nach Hause von Karlsruhe fahre und dann auch noch irgendwelche Dinge organisieren muss und auch sonst alles unter einen Hut bringen möchte, stresst mich das ein wenig.

Auch im Privaten mit Freunden fällt es mir manchmal schwer einfach „Nein" zu sagen, wenn ich mal keine Lust habe noch rauszugehen oder etwas zu unternehmen. Meistens lass ich mich dann doch breit schlagen und mir entgeht somit die Ruhe die ich gerne hätte.

Bei meinem Praxissemester war es ebenfalls sehr schwer Nein zu meinen Vorgesetzten zu sagen. Ehrlich gesagt habe ich nie Arbeit abgelehnt, obwohl es vielleicht manchmal ratsam gewesen wäre, um nicht in Stress zu geraten. Jedoch traut man sich leider als einfacher Praktikant selten seinen Vorgesetzten zu widersprechen. Das wird sich aber mit laufender beruflicher Erfahrung stetig verbessern. Indem man dann sein Gegenüber besser einschätzen kann und ein anderes Standing in der Firma besitzt, kommt auch die „Traute" mal seinem Chef zu widersprechen.

Abschließend kann ich für mich sagen, dass mir das „Nein" sagen nie so direkt bewusst war. Jedoch ist es, wenn man genauer darüber nachdenkt, wirklich sehr wichtig, um nicht in unnötigen Stress zu geraten, und ich werde definitiv in Zukunft mehr darauf achten bewusster „Nein" zu sagen. Allerdings kommt es auch immer auf das Gegenüber an, ob man sich traut diesem zu widersprechen. Und das ist im Privaten sicherlich allgemein einfacher als im Berufsleben.

Mischa Maier, Student

6.6 Wesentlich entspannter und sorgenfreier

Grundsätzlich denke ich meistens länger darüber nach, bevor ich zu großen Entscheidungen „Nein" sage, wie auch in dem folgenden Fall. Im Jahr 2006 habe ich zusammen mit einer Freundin angefangen den Jazztanz-Nachwuchs in unserem Verein zu trainieren. Zu Beginn war der Aufwand für das Training gering. Wir hatten beide die Verantwortung, das Training fand einmal die Woche statt und die Kinder hatten noch nicht viel Tanzerfahrung. Nach einiger Zeit trennten wir die Gruppe in zwei altersgerechte Gruppen. Der Zeitaufwand wuchs nicht nur durch die Teilung, sondern die größeren Mädchen wollten künftig bei

Wettkämpfen starten. Choreographien mussten erarbeitet werden und der Trainingsaufwand pro Woche nahm ebenfalls zu. Neben der Schule und eigenem Training war das noch gut zu vereinbaren. Mit dem Beginn meines dualen Studiums haben wir dann gemeinsam entschieden, dass ich die jüngeren Mädchen übernehme und meine Freundin die älteren. Da ich unter der Woche nicht mehr Zuhause wohnte, bestand mein Wochenende zum größten Teil aus dem Tanzen – eigenes Training drei Stunden und Kindertraining eine Stunde.

Der Trainingsaufwand der Kindertanzgruppe erhöhte sich jedoch bald mit dem Wunsch an Wettkämpfen teilzunehmen. Die Motivation der Mädchen war so hoch, dass ich ihnen den Wunsch nicht abschlagen konnte. Ab diesem Zeitpunkt verbrachte ich mein Wochenende mit rund acht Stunden Tanzen. Wenn Wettkämpfe anstanden, war das ganze Wochenende verplant. Für Freunde oder zum Lernen hatte ich dadurch weniger Zeit.

Das bekam ich zu spüren, als ich nach rund zwei Jahren mein Studium aufgrund des Verlustes des Prüfungsanspruchs beenden musste. Ein halbes Jahr arbeitete ich dann von zu Hause Vollzeit, danach begann ich ein neues Studium an der Hochschule Karlsruhe. Schon damals spielte ich mit dem Gedanken die Gruppe aufzulösen, jedoch ließ ich mich von den traurigen Mädchen und ihren Eltern dazu hinreißen am Wochenende weiterhin Training zu geben. Das ging so weit, dass ich mein eigenes Tanzen dafür aufgegeben habe. Meine eigenen Bedürfnisse habe ich der Gruppe untergeordnet. Im Laufe der Zeit merkte ich, dass das Studium an der Hochschule Karlsruhe sehr anspruchsvoll ist. Ich hatte einige Nachklausuren und mir wurde langsam bewusst, dass ich mehr Zeit für mich und das Lernen brauchte, um mein zweites Studium erfolgreich beenden zu können.

Nach zweieinhalb Jahren habe ich endlich den Schritt gemacht die Tanzgruppe aufzulösen. Die Entscheidung ist mir sehr schwer gefallen, da ich die Mädchen ihr halbes Leben lang begleitet und sie mich sehr geschätzt haben. Ich weiß jedoch heute, nach knapp einem Jahr, dass es die richtige Entscheidung gewesen ist. Jedes Wochenende nach Hause zu fahren hat mich nicht nur Zeit gekostet, sondern auch Geld, welches ich als Student zum Leben brauche. Es war ein Ehrenamt, bei welchem ich nichts verdient habe.

Heute habe ich deutlich mehr Zeit zum Lernen. Meine Noten haben sich dadurch deutlich verbessert und ich bin mir sicher, dass ich mein Studium mit gutem Ergebnis beende. Insgesamt ist mein Leben stressfreier geworden, da die Work-Life-Balance ausgewogener geworden ist. Es bleibt neben dem Studium mehr Zeit die ich mit meiner Familie oder Freunden verbringen kann. Gerade das Wochenende kann ich ohne jeglichen Stress genießen, um unter der Woche genug Energie für das Studium aufzubringen. Mein Wochenende gestalte ich jetzt wie ich es und für diesen Moment richtig halte, ohne von einem zum nächsten Tanztermin zu hetzen und nebenbei noch Choreographien auszudenken. Unter Stress können keine guten Choreographien und somit Erfolge entstehen. Meiner Aufgabe als Wettkampf-Trainerin hätte ich nicht mehr in vollem Umfang und voller Qualität nachkommen können. Endlich habe ich selbst wieder angefangen zu tanzen. Dies war ein wichtiger Schritt für mich, da Tanzen für mich der wichtigste Ausgleich zum Alltag und zum Studium ist. Mittlerweile habe ich sogar die Kraft unter dem Semester nebenher zu arbeiten und nicht nur in den Ferien. Das ist eine finanzielle Entspannung für mich, so dass ich in den Ferien ein paar Wochen zur Erholung und Urlaub nutzen kann. Im Großen und Ganzen ist mein Leben ohne das Traineramt wesentlich entspannter, sorgen- und stressfreier geworden. Ich achte in meiner freien Zeit mehr auf mich selbst, um Energie und Kraft zu sammeln, die ich in mein Studium und meine damit verbundene Zukunft stecken kann.

Janina Uziekalla, Studentin

6.7 Steigerung des Selbstwertgefühls

Warum fällt es mir so schwer „Nein" zu sagen?

Betrachten wir unsere Lebensgeschichte, so hatten wir die ersten Begegnungen mit dem Wort „Nein" mit unseren Eltern. Von diesen hörten wir häufig das „Nein", wenn wir zum Beispiel den Finger in die Steckdose stecken, auf den Fenstersims krabbeln oder mit dem Essen spielen wollten.

Die ersten Erfahrungen, wie unsere Umwelt auf unser „Nein" reagieren würde, sammelten wir im sogenannten „Trotzalter". Die Reaktionen der Eltern auf beispielsweise die Weigerung das Zimmer aufzuräumen oder nicht beim Geschirrspülen zu helfen, waren Tadel, Androhung von Liebesentzug bis dahin, für eine Erkrankung der Eltern verantwortlich zu sein. Da wir aber von unseren Eltern abhängig waren und ihre Zuneigung nicht verlieren wollten, lernten wir mit der Zeit Verhalten mit negativen Konsequenzen zu unterlassen. Verhaltensweisen hingegen, die zu Lob und Anerkennung führten, wurden beibehalten und ins Erwachsenenalter übernommen. Wir lernten aber nicht nur durch die direkten Konsequenzen auf unser Verhalten, sondern auch durch Nachahmung der Eltern. Lebten diese uns vor, dass man nicht „Nein" sagen darf, ist die Wahrscheinlichkeit groß, dass wir uns ebenso verhalten.

Welche Gedanken hindern uns am „Nein" sagen?

Viele Menschen haben Schwierigkeiten aufgrund folgender Gedanken „Nein" zu sagen:

* Wenn ich „Nein" sage, wird mich der Fragende ablehnen und ich verliere seine Sympathie, die mir so wichtig ist.
* Das Bedürfnis, zu einer Gruppe dazu zu gehören, ist mir wichtig und ich habe Angst abgelehnt zu werden.
* Ich möchte in den Augen der anderen nicht als egoistisch, herzlos, faul oder egozentrisch gelten.

* Wenn ich „Nein" sage, dann ist der andere enttäuscht, verärgert oder verletzt.
* Ich zeige damit, dass man sich auf mich immer verlassen kann.

Diese Beispiele sind mögliche Gründe, warum wir eher dazu neigen, ein „Ja"-Sager zu sein (Merkle 2015a; Tomoff 2013).

Negative persönliche Erfahrungen

Ich wohne seit einiger Zeit in meiner neuen Wohnung. Aufgrund meines Studiums, der Arbeit als Werkstudent und verschiedensten Vereinstätigkeiten, ist meine freie Zeit für sonstige Aktivitäten sehr begrenzt. Einige meiner Freunde wollten gleich eine Einweihungsparty bei mir feiern. Ich habe mich entschlossen, vorerst „Nein" zu sagen, da ich zusätzlich die Teamleitung eines Hochschulprojektes übernommen habe und momentan für Klausuren lernen muss. Eine Einweihungsparty soll für mich aber kein zusätzlicher Stressfaktor sein, sondern ich möchte diese Zeit mit meinen Freunden genießen und Spaß haben können. Bei manchen Freunden stößt meine Entscheidung jedoch auf Unverständnis und sie sind enttäuscht, da ich bisher meistens „Ja" gesagt habe. Für mich selbst war dies der richtige Weg, bisher keine „Einweihungsparty" zu geben. Ich habe gelernt meine Grenzen zu erkennen und mir meine Kräfte einzuteilen. Echte Freunde werden meine Entscheidung akzeptieren, Verständnis für meine Situation haben und sich mit mir auf die noch stattfindende Party freuen.

Positive persönliche Erfahrungen

In meiner Tätigkeit als Vereinsmitglied wurde ich schon öfters darauf angesprochen, ob ich nicht einen Posten in der Verwaltung übernehmen würde. Bisher habe ich diese Anfragen immer mit „Nein" beantwortet, da ich aufgrund des Studiums und Nebenjobs diese Vereinsaufgaben momentan nicht in dem erforderlichen Maße erfüllen könnte. Meine Absagen wurden von den entsprechenden Personen verständnisvoll akzeptiert und auch das gute Verhältnis zu ihnen hat sich nicht geändert. Für mich persönlich ist dies eine wichtige positive Erfahrung. Einerseits wird verstanden, dass meine zeitlichen Ressourcen und physischen Kräfte begrenzt sind und andererseits stärkt es mein Selbstwertgefühl, dass man mir zutraut, solche verantwortungsvolle Aufgaben übernehmen zu können.

Christian Kirchhöfer, Student

6.8 Fahrprüfung bestanden

Die erste Begegnung mit dem Wort „Nein" hatte ich, wie bestimmt jeder andere auch, mit meinen Eltern. Wenn man als Kind etwas probieren wollte, heißt es immer von den Eltern „Nein, lass das!", „Nein hör auch damit!" Wenn man die Handlung dann nicht unterlassen hat, folgten meist Konsequenzen. Dadurch, dass man sich als Kind schlecht gegen seine Eltern durchsetzen konnte und ganz klar die Konsequenzen im Hinterkopf hatte, die Folgen wenn man beispielsweise sein Zimmer nicht aufräumt bzw. wenn die Eltern sagen „räum dein Zimmer auf" und dann „Nein" als Antwort kommt, hat es sich mit der Zeit bei sehr vielen Menschen so eingeprägt, dass mit der Verneinung einer Frage negative Konsequenzen auf sie zu kommen.

Ich habe auch schon oft die Erfahrung gemacht, dass dies auch heute noch bei vielen Menschen zu erkennen ist. Auch ich selbst merke, dass es mir in bestimmten Situationen oder bei bestimmten Personen schwer fällt, nein zu sagen und dann auch auf dieser Aussage zu beharren. Schlimm wird es vor allem dann, wenn man gar nicht mehr den Mut und das Selbstbewusstsein hat, „Nein" zu sagen. Somit stürzt man sich selbst in Stress und Überarbeitung bzw. Überlastung. Jeder hat diesen einen gewissen Freund bzw. Arbeitskollegen, auch ich, wo man ganz genau weiß, dass er immer und bei allem ja und Amen sagt. Vielen Menschen fällt es unheimlich schwer „Nein" zu sagen, weil sie dann denken, dass ihnen etwas Schlechtes nachgesagt wird bzw. dass sie an Ansehen verlieren.

Wenn man das Wort „Nein" nicht alleine dastehen lassen will, hilft es ungemein, wenn man es mit Alternativen verbindet wie z. B.:

Klares Nein aussprechen Fällt zwar vielen schwer, aber wenn es nicht deutlich genug ist, ist Niemandem geholfen und man befindet sich in einer Grauzone, wo keiner weiß was nun Sache ist.

Die Verneinung begründen Sagen, dass es im Moment wichtigere Arbeiten gibt, als die vom Kollegen gewünschte.

Gegenvorschlag Ich kann die Aufgabe nicht übernehmen, ich kann aber bei gewissen Teilaufgaben gerne zur Seite stehen und unterstützen.

Verständnis Zeigen, dass man sein Gegenüber versteht und die Arbeit noch zu tun ist man aber trotzdem nicht kann.

Beispiel für negative Reaktion

Bestes Beispiel hierfür ist eigentlich die Gruppenarbeit in der Schule/Studium, wenn die Gruppe versucht die Aufgaben die sie nicht machen möchte bzw. den unangenehmen Teil dessen abzuschieben. Hierbei habe ich die Erfahrung gemacht, dass man sich sowas auf keinen Fall gefallen lassen sollte. Auch wenn es negative Auswirkungen hat. Zwar nicht auf die am Ende erreichte Note, sondern eher auf die Beziehungen in der Gruppe. Doch, wenn niemand in der Gruppe präsentieren möchte und sich alle davor drücken, ist es durchaus von Vorteil, wenn man in der Situation selbst die Initiative ergreift und die Präsentation abhält. Es fördert einen selbst und hat für das spätere Leben nur Vorteile.

Beispiel für positive Reaktion

Als ich meine praktische Fahrprüfung hatte, wurde mir vom Fahrprüfer vorgegeben an der nächsten Kreuzung links abzubiegen, allerdings war dies eine schlecht zu erkennende Privatstraße, wo die Durchfahrt verboten war, was der Prüfer nicht wusste. Deshalb weigerte ich. Mein Prüfer hatte die Straße aber nicht als solch eine Straße registriert und blieb er bei seiner Aussage. Ich bot ihm an auszusteigen um ihm die Umstände zu zeigen, was er allerdings nicht wollte. Stattdessen ließ er mich wissen, durch die Prüfung gefallen zu sein. Doch dann bekam er von meinem Fahrlehrer die Bestätigung, dass es sich bei der Straße um eine Privatstraße handelt, die für den öffentlichen Verkehr nicht freigegeben war. Am Ende hat sich der Fahrprüfer bei mir entschuldigt und bedankt, dass ich mich nicht habe von ihm beeinflussen lassen. Er hat mir dann mit leiser Stimme zu meiner bestandenen Prüfung gratuliert und den Führerschein überreicht. Man hat ihm deutlich angemerkt, dass es für ihn eine unangenehme Situation war.

Julian Raach, Student

6.9 Nein zum Kriegsdienst

Ich habe Nein gesagt und ich würde es wieder tun. Zunächst ein Auszug aus meiner Kriegsdienstverweigerung: „ … – Aus all diesen oben aufgeführten Gewissensgründen bitte ich Sie, meinem Antrag auf Anerkennung als Kriegsdienstverweigerer stattzugeben, damit ich meine Arbeitskraft als Zivildienstleistender in den Dienst der Menschen stellen kann, um ihnen zu helfen und nicht um mich als Wehrdienstleistender eventuell mitverantwortlich an ihrem Leid zu fühlen." Erfasst von der Bundeswehr, zur Musterung aufgerufen, einer der letzten war ich.

Bis 2011 galt in Deutschland noch die Wehrpflicht. Aufs Kreiswehrersatzamt gerufen, eine Musterung der Person, seiner körperlichen Tauglichkeit, den Kriegsdienst an der Waffe zu führen. EKG, der sogenannte Eierkontrollgriff und Drogentests. Fast jeder hat es mitgemacht. Schlussendlich die Antwort. T1, T2 oder T3? Oder doch Invalide mit T5? Gemustert wurden wir alle, doch nicht jeder wurde ausgemustert. Ich zumindest nicht. Tauglichkeitsstufe 2 war es bei mir. Irgendwie wollte man ja doch T1 werden. Aber unter 1,80 m ist man dessen einfach nicht würdig. Da aus mir so oder so kein Elitesoldat hätte werden sollen, ich eigentlich eh keinen Bock auf eine dreimonatige Grundausbildung und vor allem danach stupides in-der-Stube-hocken hatte, entschied ich mich zur Verweigerung des Kriegsdienstes. Das war außerdem in meinem Freundeskreis so üblich. Der nächste Schritt war die Bewerbung. Ein guter Freund hatte ein Jahr vorher schon seinen Zivildienst geleistet und mir und meinem besten Kumpel wärmstens ans Herz gelegt sich auch dort zu bewerben, wo er seinen „Zivi" absolviert hat. Gesagt – getan! Als junger Kerl vom Land war das auch eine wunderbare Möglichkeit sich vom schwäbischen Dorf in eine andere Umgebung zu begeben. Die Stelle auf die ich mich bewarb, war in München. Eine Großstadt! Und das noch nicht einmal in Baden-Württemberg. Wahnsinn! Zusammen mit meinem besten Kumpel kam ich dann im September 2010 in München an. Wohnhaft im sagenumwobenen „HIPFL", das Hilfspflegerheim der Stiftung Pfennigparade München in der Barlachstraße. Circa 50 Zivis in einem Gebäude. Allesamt Kriegsdienstverweigerer um die 20 und das erste Mal raus bei Mutti. Da kann ja nur was Gutes bei rauskommen.

Das erste Mal selber einkaufen gehen, sich die Wäsche selber waschen und den ganzen anderen Kram im Haushalt schmeißen. Hat definitiv nicht geschadet. Bei der Bundeswehr hätte es bestimmt nicht so viel Wäsche gegeben und auch das Essen wäre einem aufgetischt worden. Das war aber bestimmt nicht der einzige Unterschied zwischen Kriegsdienst und Zivildienst.

Die Arbeit als Zivi bringt so einige neue Erfahrungen mit sich. Die Erfahrung, mit behinderten Menschen zu arbeiten und diese in ihrem Alltag zu unterstützen ist eine ganz besondere. Vor allem ist es eine, die man sonst höchstwahrscheinlich nicht gemacht hätte. Kaffee kochen, Computer hochfahren, die behinderten Mitarbeiter beim Ankleiden unterstützen, zusammen Mittagessen gehen, zu Arztterminen begleiten oder ins Wohnheim bringen. Den Leuten den Alltag leichter zu gestalten war meine Aufgabe in der IT-Abteilung der Behindertenwerkstatt WKM bei der Stiftung Pfennigparade. Nicht gerade eine sehr anspruchsvolle Arbeit ist das. Aber die Umstände machten es zu einer besonderen Erfahrung in meinem Leben. Man wird sich darüber bewusst, dass alles, was für uns gewöhnlich und alltäglich ist, gar nicht so selbstverständlich ist. Es war eine Arbeit, die mir sicherlich nicht zu hundert Prozent gefallen hat. Jedoch ist es im Nachhinein betrachtet eine sehr wertvolle Erfahrung, die sich sicherlich noch mehrere Male in meinem Leben auszahlen wird. Jemand der mit XXL-Windeln angefangen hat wird bestimmt wenig Problem damit haben, einem Baby die Windeln zu wechseln. Ich bin froh Nein zur Bundeswehr gesagt zu haben. Oh ja! Welch schöne Zeit das nur war.

Daniel Kraus, Student

6.10 Erfolgreich nein gesagt – drei Geschichten

Nein sagen ist so extrem wichtig, dass ich sogar mit drei Geschichten aufwarten möchte. Alle drei haben mich geprägt, und daher möchte ich Ihnen diese gerne erzählen.

Geschichte 1

Ich besuchte Workshops im Bereich Verkauf. Mein Problem waren enorme Schwellenängste. Wir kennen das ja alle im Verkauf, diese Angst vor dem Nein. Die besondere Herausforderung der Kaltakquise. Es gibt Redewendungen die alle Verkäufer kennen: Wir haben schon genug Lieferanten; eigentlich keinen Bedarf, keine Zeit, brauche ich nicht, zu teuer etc. Wir kennen es. Obwohl ich gelernt hatte, was diese Redenswendungen bedeuten, war ich vor lauter Angst vor dieser vermeintlichen Art des NEIN so nervös und nassgeschwitzt, dass mein Coach eine etwas eigenartige Idee hatte. Nach dem Training gab es immer eine Praxisbegleitung über einen Zeitraum von vier Wochen. Er hatte die Idee das NEIN anders zu konditionieren, indem er mit mir folgendes Experiment durchführte: Geh raus und hole dir bewusst das Nein.

Bei mir erzeugte das zwar die totale Gegenwehr, doch da ich nicht mehr weiter wusste, habe ich mich darauf eingelassen. Bei der Akquise hatte ich in dieser Zeit 80 % Nein gehört. Also dürfte es kein Problem sein, auch noch dieses Nein zu einzufahren. Ich bin also unterwegs und war natürlich mal etwas provokant, mal etwas frecher, mal etwas zweideutiger. Ich probierte diverse Dinge aus, ganz sicher das NEIN zu bekommen.

Was meinen Sie was der Erfolg war? Das Gegenteil passierte. Ich bekam plötzlich zu 80 % Interesse entgegengebracht. Echt krass, würde man heute sagen.

Was war passiert? Es hat auf einmal Spaß gemacht offener und authentischer zu sein. Dies kam bei den möglichen Kunden ehrlicher an. Und man war anders als alle anderen, die oft den Kunden nach dem Mund reden. Ich merkte, dass dieses Verhalten der Mitbewerber einfach nur nervte. Ich hingegen bekam Antworten wie: Sie sind so erfrischend anders, so natürlich, ihr Lächeln passt zu Ihren Worten…

Das Resultat waren natürlich keine 80 % der Betriebe als Neukunden, das wäre nun zu schön gewesen. Aber ich durfte immerhin bei allen Unternehmen wieder vorbeikommen, vielleicht würde sich mal etwas ergeben, falls man doch mal unzufrieden mit dem Mitbewerber sei.

Dadurch, dass ich mich auf dieses Experiment eingelassen habe, habe ich heute keinerlei Probleme mehr, nicht nur im geschäftlichen Bereich sondern auch privat, auf vollkommen fremde Menschen zuzugehen. Natürlich brauchte es noch mehr Übung. Aber es war die Initialzündung und hat sich daraus entwickelt.

Habt Mut zum Nein. Oftmals ist der größte Widerstand der kürzere Weg zum Erfolg.

Geschichte 2

Eine Erfahrung der besonderen Art, weil ich sie innerhalb der eigenen Familie hatte. Ich bin ein Beziehungsmensch, durch und durch, und versuche es jedem innerhalb der Familie recht zu machen. Wenn es heißt: Papa kannst Du bitte…, dann versuche ich es. Oftmals auch nur im Sinne der Bequemlichkeit der Familienangehörigen. Meine persönlichen Wünsche habe ich fast immer zurückgestellt. So kam es dazu, dass mir diese Fragen immer öfter gestellt wurden. Irgendwann kam meine älteste Tochter wieder einmal mit einer Frage: „Papa könntest du mich vielleicht bitte…"

Ich kam ins grübeln, wie ich es ermöglichen könnte. Eigentlich wollte ich Nein sagen. Ich drückste so rum und zögerte und überlegte hin und her. Nach einiger Zeit sagte sie zu mir: „Du kannst auch NEIN sagen." Ich stutze, schaute komisch aus der Wäsche und antwortete: „Warum fragst du mich dann?" Ihre Antwort: „Man kann es doch versuchen, mir macht es nichts aus, wenn du Nein sagst." Können Sie sich vorstellen, wie ich da geschaut habe?

Das war eine Lehre fürs Leben. Ich begebe mich in Stress und sage Ja, dabei wäre ein Nein vollkommen in Ordnung gewesen. Mein Fazit ist: Sage Nein, wenn du Nein sagen willst. Es ist ehrlicher als ein falsches Ja.

Natürlich gab es immer wieder auch mal Widerstand, wenn ich mich zum Nein entschieden habe, denn man war mein Ja inzwischen gewohnt. Wenn heute das nein gesagt wird, ist es meist in Ordnung.

Geschichte 3

Auch für einen Selbstständigen sollte das Nein kein Tabu sein! Doch das musste ich auch erst lernen: Ich war 19 Jahre im Handwerk selbstständig. Um die Umsätze stabil zu halten, war ein Nein ein Wort, das es in meinem Wortschatz nicht gab. Wenn ein Kunde etwas wollte, habe ich immer alles getan, um ein Nein zu verhindern. Das brachte mir natürlich auch den Ruf ein, immer eine Lösung zu haben. Meist ging es dann um Termine und den Preis, wie bei jedem anderen auch. Es gab aber auch besondere Herausforderungen, ohne problemlose Lösungsmöglichkeiten. Bedingt durch häufig zu enge Termine entstand ein Stress, der nicht notwendig war. Ein klares Nein zum Termin hätte den Kunden durch die Einzigartigkeit der Lösung nicht nachhaltig verärgert, sondern nur im ersten Moment, weil er seinen Willen nicht bekommen hat. Eine saubere Einwandbehandlung hätte die Möglichkeit eine gemeinsame Lösung zu finden sicherlich ermöglicht, aber man will den König Kunde ja nicht verärgern.

Nun bin ich seit einiger Zeit Betriebsleiter eines Unternehmens in der gleichen Branche. Dort tue ich nun, was ich schon immer tun wollte. Wenn ich Nein sagen will, sage ich Nein. Was ich für einen Erfolg damit habe? Seit diesem Moment wird mir mehr Akzeptanz entgegengebracht. Nur einer meiner Kunden braucht immer wieder mal den Erfolg eines Machos. Den soll erhaben. Wenn es mir aber zu viel wird, dann sage ich es offen und ehrlich. Erstaunlich ist, dass diese Nein akzeptiert wird, weil die Kunden wissen, dass ich Ja sage solange es geht. Wenn ich dann Nein sage heißt es inzwischen: „Wenn Sie Nein sagen, dann weiß ich dass es wirklich nicht anders geht."

Wenn beim Kunden ein klares Ja ankommt, so wird auch ein klares Nein akzeptiert. Gelegentlich hat es natürlich Erklärungsbedarf. Probiert es aus!

Michael Hannig, Geschäftsführer

6.11 Als ich das Tempo nicht mehr mitlaufen wollte...

Mit unserer Bundesliga-Hockey-Mannschaft trainierten wir sehr hart für unsere Punktspiele, die häufig am Samstag und Sonntag stattfanden. An den Tagen, an denen kein Mannschaftstraining auf dem Plan stand, trafen wir uns dann freiwillig für einen 10-km-Lauf. Jeder wollte dabei meistens der Schnellste sein.

Ich hatte auch Spaß daran, konditionell war ich meistens recht gut und es gefiel mir, mich immer wieder zu fordern und mich mit meinen Mitspielern zu messen. Wir sind dabei jedoch viel zu schnell losgelaufen und liefen überwiegend anaerob – also im Sauerstoffdefizit – doch niemand wollte sich vom Start weg eine Blöße geben.

So liefen wir über viele Jahre immer wieder mit zügigem Tempo zwischen den Trainingseinheiten durch den Wald. Zwischenzeitlich hatte ich jedoch insgesamt acht Operationen aufgrund von Sportverletzungen hinter mir und musste mich jedes Mal wieder behutsam aufbauen. Denn mit dem Hockey aufhören – das kam schon mal gar nicht in Frage. Ich schaffte im konditionellen Bereich tatsächlich auch immer wieder den Anschluss. Ich war zwar nicht der Schnellste der Mannschaft auf 10 km – aber doch immer vorne mit dabei.

Was viele Jahre für mich problemlos funktionierte, klappte dann allerdings mit Anfang 30 nicht mehr, denn mein Körper benötigte nun definitiv mehr Regeneration als noch einige Jahre zuvor. Mittlerweile war ich der Älteste in unserem Team und eigentlich wusste ich, dass unser freiwilliger 10 km-Lauf, den wir meistens in ca. 40 min absolvierten, für mich nun viel zu schnell war, da wir ja einen Tag darauf wieder intensives Hockeytraining hatten.

Dennoch machte ich weiterhin mit, denn schließlich war ich schon ein wenig stolz, es doch immer wieder gepackt zu haben, mich wieder in Form zu bringen und es war schon motivierend, die meisten der jungen Kerle immer noch hinter sich zu lassen.

Aber irgendwann gestand ich mir dann doch ein, dass es mir auf diese Weise mehr schadete als nutzte. Schließlich schickte mir mein Körper eine Entzündung nach der anderen, bis ich dann endlich eines Tages begann, das Tempo zu drosseln. Und das war ein sehr gute Entscheidung: Ich beschloss noch weiter mitzulaufen, aber in meinem für mich angenehmen Tempo. Die anderen ließ ich von da an einfach ziehen.

Es war definitiv eine Umstellung für mich, nicht mehr im vorderen Feld mitzulaufen, obwohl ich nach wie vor dazu in der Lage gewesen wäre. Aber ich blieb mir treu und zog mein Ding weiter durch. Klar hab ich auch immer mal wieder richtig Gas gegeben, aber im Großen und Ganzen tat es mir einfach richtig gut, zwischen den harten Trainingseinheiten meinen Körper eben nicht mehr an seine Grenzen zu bringen, sondern auf meine innere Stimme zu hören und eben so zu laufen, wie es sich für mich richtig anfühlte. Heute weiß ich – ich hätte viel früher damit starten sollen.

Mittlerweile laufen meine engsten Hockeykumpels und ich schon Jahrzehnte zusammen, obwohl unsere aktive Bundesligazeit schon lange hinter uns liegt. Das Schöne daran ist, dass wir nun meistens nur noch so laufen wie es uns einfach gut tut. Auch die anderen laufen nun meistens nicht mehr auf Tempo. Obwohl wir in der Lage wären, ein gutes Stück schneller zu laufen, laufen wir eben so, wie es sich für uns gesund anfühlt. Dadurch merken wir einfach, dass wir nicht unsere Energie in den Wald hineintragen, sondern sie aus dem Wald herausholen, uns dabei erfrischen und richtig auftanken. Natürlich gibt es auch Tage, an denen wir uns auspowern. Insgesamt laufen wir nun aber alle sehr viel bewusster und gesünder.

Ich kann für mich sagen, dass ich absolut froh darüber bin, damals diesen Schritt gegangen zu sein, eben nicht mit dem Strom zu schwimmen bzw. zu rennen, sondern auf meine innere Stimme zu hören. Als junger Mann ist das natürlich alles andere als einfach, gegen den Großteil der Truppe standhaft zu bleiben. Es war gut und richtig, die eigene Eitelkeit zu überwinden, auf die Bremse zu treten und NEIN zu sagen.

Hätte ich schon früher auf meinen Körper gehört, hätte ich mir wahrscheinlich viele meiner Verletzungen und Entzündungen sparen können, die während des Trainings leider aufgetaucht sind. Dennoch kann ich sagen – besser spät als nie. Mehr denn je kann ich nur appellieren, dem eigenen Bauchgefühl, der Intuition zu folgen, auch oder vielleicht sogar insbesondere, wenn es mal ein deutliches NEIN erfordert.

Michael von Kunhardt (Unternehmensberater & Coach)

6.12 Hand aufs Herz

Welche Menschen respektieren und bewundern Sie am meisten? Das sind bestimmt jene, die ihr eigenes Ding durchziehen und ihren Weg konsequent gehen, auch wenn sie dabei auf Hindernisse und Kritik stoßen. Es sind Menschen, die kein Blatt vor den Mund nehmen, klar sagen, was Sache ist und ihre Meinung (auch gegen die Mehrheit) selbstbewusst vertreten. Die, die für das einstehen, was ihnen wichtig ist. Das Risiko, dass andere sie doof finden oder ausgelacht zu werden, nehmen sie dabei in Kauf.

Doch warum sind so wenige Menschen dazu in der Lage? Die Erklärung ist relativ einfach. Sie können einfach nicht „Nein" sagen, weil sie Angst haben. Angst, nicht gut genug zu sein („Ich bin mir das nicht wert" oder „Ich kann das nicht"), Angst vor Kritik, Missfallen und Ablehnung („Was sollen die anderen von mir denken"). Sie sind „Jedermanns Liebling" und werden wie kleine brave Schäfchen wahrgenommen.

Wissen Sie was? Ich war selbst so ein kleines braves Schäfchen. Ich habe immer alles gemacht, was mir gesagt wurde und dachte:

Die anderen werden schon wissen, was gut für mich ist. Trotz hoher Arbeitsbelastung habe ich mich nicht gewehrt und versucht, es allen anderen recht zu machen. So lange, bis ich 2008 in einem Seminar die Geschichte von den „Drei Männern und dem Esel" gehört habe. Was uns diese Geschichte lehren will, ist, dass wir es nicht allen Menschen recht machen können, egal wie sehr wir uns anstrengen. Diesen Anspruch können wir nur uns selbst gegenüber erheben und erfüllen.

Das hat gesessen und mich tief ins Herz getroffen. Ich wollte nicht länger „Ja" sagen, wenn ich eigentlich „Nein" meinte. Diese Erkenntnis war ein wichtiger Impuls für den Start auf meinem neuen Weg in ein selbstbestimmtes Leben. Ich sage nun „Ja" zu mir und „Nein" zu allem, was mir nicht gut tut. Mit der Konsequenz, dass ich mein bisheriges Leben ziemlich auf den Kopf gestellt habe:

Ich hörte mit dem Rauchen auf, begann mit dem Training für den Ironman, kündigte später meinen sicheren Job als Maschinen-Ingenieur und machte mich als Fitness-Coach und Schnelllese-Trainer selbstständig. Leicht gezittert ist auch geradeaus!

Doch mein Sprung in die Selbstständigkeit verlief ganz anders als geplant. Die finanzielle Situation war aufgrund dieses Schrittes sowieso schon angespannt. Und plötzlich wurden nicht mehr so viele Seminare gebucht wie noch ein knappes Jahr zuvor. Viele meiner Marketing-Aktionen zeigten keinerlei Wirkung, und das Geld wurde langsam knapp.

Als ich kurz davor war, aufzugeben, bekam ich doch noch eine Chance. Die Chance hieß „TV TOTAL Quizboxen". Zum Quizboxen bin ich über das Casting für die Sendung „Schlag den Raab" gekommen. Hierfür hatte es leider nicht gereicht, Gründe wurden keine genannt. Später habe ich mich dann für das Casting zum Quizboxen beworben. Hier klappte es auf Anhieb und ich wurde eingeladen. Zu diesem Zeitpunkt boxte ich erst seit einseinhalb Jahren. Doch ich nahm die Herausforderung an, und mein Mut wurde belohnt. Ich hatte Glück und wurde für die Gewichtsklasse „Leichtgewicht" ausgewählt.

Quizboxen ist eine Show von und mit Stefan Raab, deren erste Ausstrahlung von 2012 bis 2013 live auf Pro7 gelaufen ist. Zwei Kontrahenten einer „Gewichtsklasse" boxen und quizzen abwechselnd in insgesamt zehn Runden gegeneinander. Die Vorbereitung war ziemlich komplex. Denn im Gegensatz zu „Wer wird Millionär" oder „Schlag den Raab" wurde diese Show zum ersten Mal produziert. Referenzpunkte? Fehlanzeige! Es gab nichts, was mir das ganze Unterfangen etwas leichter gemacht hätte. Es gab keine Tipps, Tricks oder Erfahrungen von Teilnehmern, die mir bei der Vorbereitung hätten helfen können.

Am 31.5.2013 war der letzte Kampf beim Quizboxen. Und es ging um den Superfight. Als einziger hatte ich die Chance, den Titel eines „Superchamps" zu erkämpfen. Doch trotz aller Widerstände, schlechter Prognosen und – ich gebe zu – einigen Selbstzweifeln, habe ich alle Kämpfe gewonnen und bin weltweit der einzige Superchamp im Quizboxen. Das war der Wahnsinn, und es fühlt sich auch heute noch irrsinnig gut an, wenn ich daran zurückdenke.

Das Verblüffende war aber, dass mir nicht der große Sieg viele wertvolle Erkenntnisse eingebracht hat, sondern der Weg dorthin. Das Boxen hat aus mir einen anderen, selbstbewussten Menschen gemacht. Ich habe mehr über Selbstbehauptung, Angst, Motivation und Erfolg gelernt, als es mir jedes Seminar oder Buch über Persönlichkeitsentwicklung bis zu diesem Zeitpunkt vermitteln konnte. Nach dem Sieg beim Quizboxen stellten mir viele Menschen aus meinen privaten und beruflichen Umfeld die Frage, wie ich das geschafft habe.

Vom Quizbox-Weltmeister zum Top-Speaker
Ich nahm mir viel Zeit, die vergangenen Monate zu reflektieren und entwickelte aus den Antworten auf die Frage, wie ich das geschafft habe, die Selbstbehauptungs-Strategie MIT WEICHEN

BANDAGEN©. Beim Quizboxen hatte ich mit ähnlich schwierigen Bedingungen zu kämpfen, die im Leben vieler Menschen der heutigen Zeit Probleme bereiten: Komplexität, Unsicherheit und Angst. Viele bekämpfen die entstehenden Stress-Symptome mit harten Bandagen und erreichen ihr Ziel auf Kosten der Gesundheit.

Ich möchte diesen Menschen zeigen, dass Sie auch anders ans Ziel kommen: cleverer, intelligenter, gesünder und flexibler – eben mit „weichen Bandagen". „Weich" hat überhaupt nichts mit „Weichei", „Schwächling" oder „Nachgeben" zu tun, sondern mit effizientem und intelligentem Einsatz der eigenen Kräfte.

Boxen formt den Charakter und ist wunderbar für Körper, Seele und Geist. Schüchterne Menschen erlangen mehr Selbstvertrauen, werden insgesamt mutiger und lassen sich keinesfalls mehr so schnell einschüchtern. Menschen, die überschüssige Energie haben, können beim Boxen Power loswerden. Wer zu aggressiv ist, findet im Boxen einen Ausgleich, wird dadurch deutlich ruhiger und entspannter.

Sowohl beim Boxen als auch im Job und Privatleben sind höchste Konzentrationsfähigkeit, Dynamik, Ausdauer und Durchsetzungsvermögen heute unverzichtbare Attribute, um gesund erfolgreich zu sein und die eigene Gesundheit zu erhalten. Schmerz geht, Erfolg bleibt. In vielen Lebenssituationen kommen wir in einen Konflikt, möchten gerne das Neue behalten, ohne das Alte loszulassen. Wir möchten den neuen Job, ohne uns von dem alten zu trennen. Das klappt aber nur in den seltensten Fällen. Ich vergleiche diese Situation daher gerne mit einem Boxkampf. Nach wochenlanger Vorbereitung auf den Kampf müssen wir in den Ring steigen. Und nicht nur das! Wir müssen den Schutz der Ringecke aufgeben und uns der Konfrontation gnadenlos stellen. Entweder hagelt es (Rück-) Schläge und es gibt ordentlich etwas auf die Nase, oder wir boxen uns durch und gehen als Sieger aus dem Ring. Aber selbst in der Niederlage liegt noch etwas Positives: Wir haben uns nicht verkrochen, sondern wir haben es probiert. Das ist viel besser als in ständiger Ungewissheit zu leben und irgendwann, rückblickend auf unser Leben, sagen zu müssen: „Hätte ich damals nur den Mut gehabt und auf mein Herz gehört."

Mein Tipp: Ziehen Sie mental die Boxhandschuhe an und sagen Sie „Nein" zu allem, was Ihnen nicht gut tut. Kämpfen Sie für das, was Ihnen Kraft gibt und was sie gesund macht. Fakt ist: Erfolgreiche Menschen sind deshalb so weit gekommen, weil sie ihrer inneren Stimme gefolgt sind, die ihnen sagte: „Mach das. Das ist wichtig für dich." Klingt einfach, oder? Die eigene Erfahrung hat mir gezeigt, dass das viel leichter gesagt ist als getan. Der Weg zum Ziel ist lang, voll von Enttäuschungen und Rückschlägen. Freunde und Kollegen wenden sich ab und wollen nichts mehr mit Ihnen zu tun haben. Sie werden kritisiert für das, was Sie tun. Und es gibt Menschen, die nicht verstehen können (oder wollen), was Sie machen. Das schmerzt in der Seele und tut fast mehr weh, als jeder Schlag ins Gesicht. Aber glauben Sie mir. Sie müssen nicht verstehen, warum andere ein Problem damit haben. Wichtig ist, dass Ihnen klar ist, warum oder wofür Sie etwas tun. Das ist das Entscheidende. Sie werden erleben, dass auf der anderen Seite die Benefits unglaublich sind: mehr Selbstbehauptung, Menschen, die zu Ihnen stehen und das herrliche Gefühl, sein eigenes Ding gemacht zu haben. Das lässt Sie jede Enttäuschung wieder ganz schnell vergessen. Und wenn Sie Ihr Ziel erreicht haben, werden Sie außerdem sagen können: Schmerz geht, Erfolg bleibt.

Bleiben Sie dran – und sich selbst treu!

Herzlichst

Christoph Teege, Quizbox-Weltmeister

6.13 Nie schaffe ich meine Arbeit

Sina löscht das Licht im Studio „fit for life". Sie stöhnt auf. Es ist 00:00 Uhr. Der Tag war ganz schön anstrengend für sie. Eigentlich wollte sie um 20:00 Uhr nach Hause gehen, doch dann kamen noch Erwin und Doris, die neuen Mitglieder auf sie zu und brauchten einen neuen Trainingsplan. Drei Monate ist es jetzt her, dass die beiden ihre Full-Service-Mitgliedschaft bei ihr abgeschlossen haben. Sina konnte einfach nicht nein sagen. Es war zu viel auf der Trainingsfläche los. Die beiden sind einfach zu nett, denkt Sina. Eigentlich könnte es auch ein anderer Trainer aus ihrem Team übernehmen. Doch Sina meint es gut und macht die Aufgabe selbst, geht geduldig alle Trainingsgeräte mit ihnen Punkt für Punkt durch, damit sie weiterhin zufriedene Mitglieder bleiben.

Nebenan hat vor drei Wochen ein neues Fitnessstudio eröffnet. Hammerpreise. Neue Mitglieder dürfen zu 9,90 € pro Monat trainieren, wenn sie sich für eine Jahresmitgliedschaft entscheiden. Da kann das Studio „fit for life" nicht mithalten. Bei ihnen ist die preiswerteste Mitgliedschaft 14,90 €. Sina steht als Studioleiterin unter Druck. Maik, der Inhaber hat erst heute ein ausgiebiges Gespräch mit Sina geführt. Hochmoderne Fitnessgeräte, modernste Fitnesskurse, ein Solarium, eine T-X Station, ein Vibracourt und freie Getränke im Full-Service-Paket, alle diese tollen Leistungen bietet das neue Studio ebenso an.

„Wenn wir nicht in den kommenden zwei Monaten jeweils 100 neue Mitglieder haben, dann können wir uns keine neuen Mitarbeiter leisten," macht Maik Sina deutlich. „Dein Team muss hier echt performen. Wie soll das sonst weitergehen?" Sina fühlt sich mal wieder von Maik unter Druck gesetzt. „Wir tun ja schon alles was geht," rechtfertigt sie sich. „Das scheint nicht zu reichen. Du hast die Führungswerkstatt besucht und müsstest eigentlich wissen, wie man unser Team besser motiviert, dass sie dir Arbeit abnehmen. Du bist mir noch zu sehr auf der Trainings-fläche," entgegnet Maik.

„OK, OK. Ich mach ja schon!" stellt Sina klar.

Auf dem Weg nach Hause denkt sie noch über das Gespräch mit Maik nach. Wie war das noch mal? Mehr Motivation des Teams und weniger auf der Trainingsfläche sein? Wie soll das gehen? Sie kurvt gedankenverloren in die Nacht hinein und kommt vor ihrer Haustür zum Stehen. Heute mache ich mal was ganz Verrücktes, denkt sie. Und geht ein paar Schritte an der frischen Luft entlang der beleuchteten Straße. Ein Lüftchen weht ihr um die Nase, die Nacht ist klar. Sie kann die Sterne sehen.

Nach ein paar Schritten hat Sina genug und gönnt sich zu Hause genüsslich einen fruchtigen Rotwein, dazu ein paar Häppchen. Tina Dico klimpert auf ihrer Gitarre und untermalt mit ihrer warmen Stimme einen schönen Abend auf dem Sofa. Eigentlich ist das Leben schön, denkt sie. Was hätte Lara, die Business Trainerin der Führungswerkstatt wohl in diesem Moment zu ihr gesagt? Sina blättert in den Trainingsunterlagen, welche sie in der Führungswerkstatt erhalten hat.

Zehn verschieden Arten „Nein" zu sagen. Der Abend war der interessanteste von allen. Sie erinnert sich an die eine Übung, in der sie mit Lasse getestet hat, wie sie ihre Mitarbeiter dazu bekommt, ihr mehr Arbeit abzunehmen.

„Das kann ich nicht. Kannst du das mit den neuen Trainingsplänen für mich übernehmen?", meint Lasse, der den Mitarbeiter spielt. „Wie hast du denn die bisherigen Trainingspläne gestaltet?", fragt Sina Lasse. „Jo. Da bin ich komplett mit denen von Gerät zu Gerät gegangen, so wie wir es gelernt haben. Ich habe immer schön gefragt, was ihnen wichtig ist", erzählt Lasse stolz. „Toll," meint Sina. „Wie kannst du also jetzt die neuen Mitglieder mit Trainingsplänen begeistern?" „Na, ich frage sie, was sie sich noch wünschen und passe den aktuellen Plan von ihnen an." „Na dann los, Lasse." Sina schickt Lasse aus ihrem Büro.

Gut, denkt Sina. Dann werde ich morgen gleich damit beginnen. Es kann doch nicht sein, dass ich immer alles mache, alle anderen pünktlich gehen und ich obendrein noch eine Standpauke von Maik bekomme. Es reicht mir.

Gesagt getan. Ein neuer Tag blinzelt Sina gegen 09:30 Uhr an. Sie steht topmotiviert auf, geht eine Runde am See laufen, genießt die frische Luft und nimmt das Zwitschern der Vögel auf ihrer Laufroute wahr. Ein herrlicher frühlingshafter Morgen. So könnte es jeden Tag sein.

Auf dem Weg ins Studio ist sie fest entschlossen, dass ab heute alles anders wird. Sie wird mehr Aufgaben abgeben und ihren Mitarbeitern mehr Fragen stellen, damit sie mehr mitdenken. Gesagt getan. Der erste Test an Sina erfolgt gegen 12:30 Uhr. Der Tresen ist von Mitgliedern belagert, die ein Schwätzchen halten wollen. Zwei neue Mitglieder betreten den Eingang und schauen sich suchend um. Außer Sina ist Dennis heute im Einsatz, fachlich sehr gut, übt aber noch etwas, auf Leute zuzugehen. Sina nimmt Blickkontakt mit ihm auf, dass er sich um die neuen Mitglieder kümmern soll. Dennis legt los. Aufmerksam und freundlich begrüßt er die beiden und zeigt ihnen die Umkleide.

Wenige Minuten später ist er auf der Trainingsfläche in Aktion und weist die neuen Mitglieder ein. Sina betrachtet die Szene aus den Augenwinkeln und plaudert munter mit Horst und Ingrid am Tresen. Sie atmet durch, so geht es also, sie muss nicht immer alles selbst übernehmen. Die Trainer machen das ebenso gut.

Als die beiden neuen Mitglieder das Studio verlassen haben, spricht Sina mit Dennis kurz durch wie es war. Dennis erzählt begeistert, dass die beiden Mitglieder so zufrieden sind, dass sie direkt ihre Nachbarn ansprechen werden, ob sie nicht auch bei „fit for life" Mitglieder werden wollen.

Nadine Wendt, Unternehmerin

6.14 Mein Weg in die Selbstständigkeit

Eine Geschichte vom Nein-Sagen ist seltsamerweise nicht so leicht geschrieben, denn eine spezielle Situation habe ich dabei nicht im Kopf. Vielmehr einen Prozess, der sich über sieben Jahre hinzog. In 2006 war mein Leben im Großen und Ganzen in Ordnung. Zu dieser Zeit waren wir eine Wochenend-Familie. Dies bedeutete, dass unter der Woche die gesamte Verantwortung für die Familie auf mir lag und an den Wochenenden intensive Familienzeit angesagt war. Es war nicht alles einfach, aber es lief. Mein Mann stand damals kurz vor einem Burn-out und ein Stellenwechsel – auch wenn er eine zeitweilige Trennung bedeutete – war um Längen besser als der vorherige Job. Wir hatten wenigstens beide unsere Jobs und in unserer Familie waren eigentlich alle gesund. Was will man mehr?

In diese Situation hinein machte meine Freundin mich auf Produkte für unsere Gesundheit aufmerksam und das Beste: damit konnte man sich auch noch ohne Risiko und ohne Investitionen ein Einkommen aufbauen. Doch: Ich war ja nicht auf der Suche – weder was meine Gesundheit noch was mein Einkommen anging. Wir lebten halbwegs gesund in Bezug auf Ernährung und Bewegung und Network Marketing war mir irgendwie suspekt. Richtig losgelassen hat es mich jedoch nicht, denn so ab 40 schlichen sich so manche Zipperlein ein, die nervten. Also habe ich dem Produkt eine Chance gegeben und es ein halbes Jahr lang getestet.

Was soll ich sagen: Vollkommen überraschend ging es mir besser! Die nächsten Jahre verliefen in der Familie turbulent, so dass ich dann 2013 eine Entscheidung traf. Im Laufe der Zeit hatte ich viele Bücher u. a. zu den Themen „Gesundheit & gesundheitliche Eigenverantwortung" und „Network Marketing" gelesen.

Und im Freundes- und Familienkreis hatte es viele intensive Gespräche und einige negative Reaktionen hierzu gegeben. Doch meine Überzeugung, diesen Weg zu gehen, wuchs immer weiter. Die positiven Effekte der Produkte spüren wir selbst jeden Tag. So fällt es mir heute leicht, allen Menschen, die mir meinen Weg ausreden wollten, offen ins Gesicht zu schauen und zu sagen: „Nein, ich lasse mir von dir nichts kaputt reden! Ich habe mir die Mühe gemacht, die Fakten zusammenzutragen und zu prüfen. Ich habe die Produkte getestet und ich habe diese Entscheidungen für mich getroffen!" Erstaunlicherweise sind in diesem Moment viele Gegenstimmen verstummt. Es sind so viele positive und besondere Menschen in mein Leben getreten, weil parallel zu der Entscheidung für das Multilevelmarketing auch die Entscheidung für eine Ausbildung im Bereich „Präventologie" fiel. Es ist ein aufregender Weg, auf welchem für mich auch das „NEIN" zu einem Büro-Job kam und das klare „JA" zu einer Arbeit mit einem tollen Team.

Meine Erfolge spüre ich in mehreren Bereichen. In meinem besseren Körpergefühl und meiner Gesundheit. In den wertvollen Begegnungen mit den Menschen, die seitdem in mein Leben getreten sind. Und im Moment besonders an meinem Selbstvertrauen, welches im Laufe der Jahre durch die vielen Gespräche und das Lesen der entsprechenden Bücher wahnsinnig gestiegen ist. Und ich bin sicher, dass der finanzielle Erfolg sich in den nächsten Jahren genauso einstellen wird!

Wir alle müssen lernen, Verantwortung für uns, unseren Körper, unsere Gesundheit zu übernehmen. Gesundheit bedeutet doch so viel mehr, als nur keine Schmerzen zu haben! Wir alle wollen uns aufgehoben fühlen in einem sozialen Umfeld, wir wollen unsere Körper optimal versorgen und wir wollen uns in finanzieller Sicherheit wissen. Doch dieses alles wird nur eintreten, wenn jeder einzelne von uns Entscheidungen trifft. Dazu müssen wir bereit sein, Althergebrachtes in Frage zu stellen, Fakten neu zu bewerten und dann auch immer mal wieder „nein" zu sagen.

Dieser Weg wird häufig einmal unbequem sein, doch wir müssen es uns doch wert sein. „Wenn nicht wir, wer dann?!"

Ich bin gespannt, wohin mein Weg mich noch führt. Und für euren Weg wünsche ich euch offene Augen, Ohren und Herzen und dazu viel Mut. Die Erfolge stellen sich dann ganz von selbst ein.

Dagmar Haupt, Präventiologin

6.15 Nein steigert die Produktivität nachhaltig

Was ist das wichtigste Wort zur Steigerung der eigenen Produktivität? Das ist schwer zu sagen. Aber das Wort „Nein" rangiert hierbei ganz sicher sehr weit oben.

Je mehr Verantwortung Sie haben, je mehr Menschen „etwas von Ihnen wollen", je „erfolgreicher" Sie sind, desto wichtiger wird es, häufiger und klarer Nein zu sagen. Ich gebe Ihnen ein paar Beispiele, die vielleicht Situationen widerspiegeln, in denen Sie sich hin- und hergerissen fühlen:

* Ich sage „Nein" zu vielen Unterbrechungen durch Kunden, damit ich einen höheren Anteil meiner Zeit damit verbringen kann, wertschöpfende Dinge für meine Kunden zu tun.
* Ich sage „Nein" zu manchen Anfragen, die nicht zu 100 % in meine Expertise fallen, damit ich meine Expertise an anderen Stellen besser einbringen (und auch ausbauen) kann.
* Ich sage „Nein" zu den meisten Essenseinladungen, damit ich mehr mit meiner Familie essen kann.
* Ich sage „Nein" zu vielen geschäftlichen Möglichkeiten, um mich auf andere geschäftliche Möglichkeiten konzentrieren zu können.

* Ich sage „Nein" zu vielen Dingen, die mich unnötig Energie kosten (Streitereien, Rechthaberei, sinnlosen Endlosdiskussionen), um mehr Energie für wirklich Wichtiges zu haben.
* Ich sage „Nein" zu zahlreichen Gewohnheiten, die mich ungesünder, unfitter oder unglücklicher machen würden – natürlich um mehr vom Gegenteil zu haben.

Machen Sie sich klar, dass Sie immer einen Preis zahlen. Entweder Sie zahlen jetzt den Preis, Nein zu sagen oder zahlen später den Preis, die Zusage einhalten zu müssen oder den anderen zu enttäuschen. Ökonomen sprechen hierbei von Opportunitätskosten.

Eine Perspektive, die vielen Seminarteilnehmern, die sich mit dem Thema „Nein sagen" schwer tun, oft hilft: Machen Sie sich bewusst, dass Sie jedes Mal, wenn Sie „Ja" sagen, damit auch gleichzeitig „Nein" zu etwas anderem sagen. Umgekehrt gilt: Jedes Mal, wenn Sie „Nein" sagen, sagen Sie damit auch „Ja" zu etwas anderem. Es ist also gar nicht so sehr die Frage, ob Sie „Ja" oder „Nein" sagen, sondern eher die Frage: Wie verteilen Sie die mögliche Anzahl des „Ja" und wie verteilen Sie die notwendige Anzahl des „Nein"? Allein dieser Perspektivwechsel hilft oft.

Sollte Ihnen das Verneinen schwer fallen, dann empfehle ich, dieses in ungefährlichen Situationen ein wenig zu üben – mal mit Begründung, mal ohne Begründung. Ohne Begründung ist es oft schwerer auszuhalten. Die Gefahr beim Liefern einer Begründung ist jedoch oft, dass eine hartnäckige Person eine Alternativlösung sucht und Sie dann einen neuen Grund für Ihre Absage benötigen. Ich nutze manchmal Werbeanrufe, um das Nein sagen ein wenig zu üben – mal mehr, mal weniger sanft. Neulich hatte ich jemanden am Telefon, der verkaufsrhetorisch ein wenig manipulativ war. So fragte er (wie ich fand, ein wenig dämlich): „Herr Davis, Sie wollen doch sicher auch ihr Geld vermehren, oder?".Meine Antwort: „Nein, gestern hat mein Bankberater angerufen und gesagt, das Konto sei voll – bevor wir nicht ein

Neues aufmache, geht überhaupt gar nichts." Stille am anderen Ende der Leitung – das stand in seiner Einwandbehandlungsliste vermutlich nicht drin. Nach einer gefühlten Ewigkeit fragte er: „Echt jetzt?" Nein, erwiderte ich, aber vielleicht möge er mir sagen, was er mir verkaufen wolle – vielleicht sei es ja etwas, das ich brauche. Zugegeben: Das ist keine diplomatische Meisterleistung gewesen. Der ernst gemeinte Kern ist jedoch: Üben Sie das Nein in Situationen, in denen nicht viel auf dem Spiel steht – mal mit und mal ohne Begründung.

Zach Davis („Deutschlands führender Experte für die nachhaltige Steigerung der Produktivität")

6.16 Nein – die richtige Entscheidung

1984 wurde ich zum Nationaldirektor für Deutschland bei einer internationalen Non-Profit-Organisation berufen. Die Aufgabenbereiche waren breit gefächert von Erwachsenenbildung, Lebensberatung, Humanitäre Hilfe, Begleitung von Menschen in Extremsituationen bis hin zu kulturellen Programmen. Weil mich als Universalisten alle Gebiete interessierten und ich sie mit Begeisterung nach außen und innen vertreten konnte, glaubten der Vorstand, die internationale Leitung und Kollegen, ich sei der richtige Mann für diese Aufgabe. Um mir den Einstieg zu erleichtern, wurde zunächst ein Zeitraum von fünf Jahren für das Amt vereinbart.

Eigentlich wäre ich lieber an der Basis geblieben, wo ich in lokalen Projekten und Strukturen direkter mit Menschen arbeiten konnte und Raum für Experimente hatte, doch aus Loyalität nahm ich die Aufgabe an. Und sie machte mir auch Freude: Ich genoss die Reisen zu internationalen Tagungen – auch mit Ehefrau – den weiten Horizont und die interessanten Kontakte. Doch nach drei Jahren spürte ich eine zunehmende innere

Schwere und Unlust. Die vielen Besprechungen, Strategie- und Planungssitzungen, das Erstellen von Papieren und Berichten wirkten immer ermüdender auf mich und nagten an meiner Begeisterung. Ich fühlte mich manchmal wie ein Wildpferd im Käfig. War das vielleicht der Preis, der für eine Führungsaufgabe zu zahlen ist?

War die empfundene Einsamkeit Teil des „Leidens eines Leiters"? Oder waren es Signale, um über einen Wechsel nachzudenken?

Lange schwankte ich unsicher hin und her. Der Spruch von Winston Churchill half mir auch nur eine Zeitlang über die Durststreck hinweg: „Manchmal reicht es nicht, sein Bestes zu geben; man muss tun, was nötig ist."

Bei einer Heimfahrt vom Büro hörte ich eines Abends den Vortrag eines Managementberaters. Er thematisierte das Arbeiten im Bereich seiner Stärken im Gegensatz zur Plackerei mit den Schwächen. Als der Satz fiel: „Wenn Sie merken, dass Sie mehr im Bereich Ihrer Schwächen als Ihrer Stärken arbeiten, dann ist es an der Zeit, über einen Wechsel nachzudenken", wusste ich auf einmal: „Jetzt gibst du den Hut ab, wenn die vereinbarten fünf Jahre vorbei sind!" Ich wollte diese Rolle nicht länger spielen, denn sie passte nicht zu meiner Persönlichkeit. Mit einem Mal war die Ungewissheit beendet, und ich wusste: „Jetzt kann ich mit Begründung und gutem Gewissen ‚Nein' zu einer Verlängerung sagen".

Fünf Jahre früher hätte dieses Nein mir manch schweren Stunden, Stress in der Familie und eine kräftige Portion Selbstzweifel ersparen können. Aber dann wäre ich auch nicht um diese Erfahrungen reicher geworden. So kam das „Nein" für mich – auf die ganze Lebenszeit gesehen – doch zur rechten Zeit und ich bin heute noch dankbar für diese richtige Entscheidung.

Hans-Joachim Hahn, Leiter Professorenforum

6.17 „Nein-Sagen" verändert dein Tun sowie deinen Erfolg

2012, im Alter von 22 Jahren, habe ich mir meinen Traum von der Selbstständigkeit erfüllt. Mit dem Thema „Nein-Sagen" hätte ich viel früher beginnen sollen. Besprechungen mit potentiellen Kunden verliefen oft nach dem gleiche Schema. Der Kunde kommt, man bespricht die möglichen Schritte und am Schluss folgt das Angebot. Dann passierte es auch schon: „Kann man da beim Preis noch etwas machen?" Nachdem ich gerade am Anfang meiner Tätigkeit stand und ich mir dachte, ich muss Projekte um jeden Preis haben, ließ ich mich meist auf eine Preisreduktion ein. Mit der Folge, dass ich mich unter meinem Wert verkauft habe und meistens waren es dann auch genau die Projekte, die mir den letzten Nerv geraubt haben, weil ich mich ständig ärgern musste. In diesem Fall dachte ich mir oft:

Hätte ich doch einfach nur Nein gesagt, dann hätte ich mir viel Ärger erspart, und wenn der Kunde nicht bereit gewesen wäre, den Preis zu bezahlen, wäre es besser gewesen, er wäre zu jemanden gegangen der ihm günstige Qualität liefert.

Heute kann ich darüber lachen, doch damals hätte ich es mir schlicht und einfach nicht zugetraut, Projekte abzulehnen. Diese Storys kenne ich nicht nur von mir selbst, sondern auch aus meinem Umfeld. Es ist verwunderlich wie viele Menschen sich sichtlich schwer tun in gewissen Situationen NEIN zu sagen. Die Angst ist zu groß. Die Erkenntnis „Hätte ich doch Nein gesagt" kommt in den meisten Fällen zu spät.

Ich hatte aber das große Glück, immer erfolgreiche Unternehmen in meinem Umfeld zu haben, welche mich gelehrt haben, NEIN zu sagen. Ja, NEIN sagen kann man lernen.

Learning aus der Praxis

Redner verlangen gutes Geld, mit gutem Grund. Das Problem: Auftraggeber versuchen die besten Redner zu schmalen Honorarsätzen zu bekommen. Viele lassen anschließend mit sich verhandeln und verkaufen sich, wie auch ich damals, unter Wert. Diese Ausgangssituation war vor einiger Zeit der Auslöser für einen interessanten Erfahrungsaustausch mit einem Kollegen. Er sagte zu mir: Ich verhandle meine Preise nicht, weder als Redner, noch wenn ich Seminare oder Dienstleistungen anbiete. Ich bin mir das nicht wert, mich unter Wert zu verkaufen. Ich weiß wofür ich stehe und das mein Preis gerechtfertigt ist. Auftraggeber, die das anders sehen, sind die falschen Auftraggeber.

Der Austausch zeigte mir, dass Nein-Sagen viel mit Selbstbewusstsein zu tun hat. Nein-Sagen beginnt im Kopf. Wenn du dir bewusst bist, was du wert bist, halte daran fest!

Nein-Sagen fällt mir heute nicht mehr schwer, wenn ich bei Projekten ein ungutes Gefühl habe, und das wird auch spürbar belohnt. Die Projekte, bei denen ich ein wirklich gutes Gefühl habe, funktionieren. Sie entwickeln sich zu High Performern, weil ich Spaß an den Projekten habe und alles rundherum passt.

Warum aber fällt es uns so schwer NEIN zu sagen?
NEIN-Sager gelten gemeinhin als unangepasste Wesen. Schon in unserer frühen Kindheit bekommen wir beigebracht, dass es unhöflich sei auf Wünsche oder Bitten nicht einzugehen. Unsere Eltern belohnen uns für gute Taten und ein NEIN gehört nicht dazu. Auch während unserer Schulzeit gehört es wie selbstverständlich dazu, dass man Aufgaben erfüllt, Schwächeren hilft und aus gesellschaftlicher Sicht eine sogenannte „soziale Ader" entwickelt. Was sich im Umgang mit Mitschülern, Freunden, Schwächeren oder Benachteiligten, aber auch innerhalb der Familie noch als Tugend erweist, hält dem harten Berufsalltag allerdings nur selten Stand. Ewige Ja-Sager werden allzu leicht von anderen ausgenutzt und stehen im Berufsleben auf der Karriereleiter nie ganz oben, weil sie nämlich einfach keine Zeit für eine eigene Karriere haben.

NEIN – die gesunde Portion Egoismus

Ein JA zum ganz persönlichen Egoismus! Egoismus kann durchaus gesund sein. Nämlich immer dann, wenn er uns voranbringt, gepaart mit dem Wissen, was wir uns selbst wert sind. Denn genau das ist es, was uns befähigt NEIN zu sagen. Nein, nicht um jeden Preis, denn ich bin genau das wert was ich darstelle.

Es kostet Überwindung Egoismus zu zeigen, zu sich selbst zu stehen, seinen Wert Kund zu tun, nicht nur JA zu sagen, sondern auch mal NEIN, vor allem außerhalb der Familie. Was uns nämlich als Erwachsene innerhalb der Familie, irgendwann bei der Kindererziehung beispielsweise, als Pflicht auferlegt wird, sollten wir in allen Bereichen allerdings als unser Recht erkennen und wahrnehmen.

Warum ein NEIN meinen Wert steigern kann

Was macht ein berechtigtes NEIN eigentlich so wertvoll? Ein NEIN zur rechten Zeit schafft Klarheit darüber, wo ich mich selbst sehe und wo ich in meinem Leben noch hin will. Bezogen auf meine Arbeit bedeutet dies vor allem eins: Ich kenne mein Potential und ich verkaufe es wirtschaftlich. Aufwand und Nutzen halten sich dabei die Waage und bringen mich voran. Es gibt viele Gründe einen Auftrag anzunehmen. Dazu zählen neben der Bezahlung auch ideelle Werte. Nicht immer ist das Geld ausschlaggebend. Oftmals sind es die Möglichkeiten Erfahrungen zu sammeln, sich auf neuen Gebieten zu versuchen, Kontakte zu gewinnen, aber auch den Wert zu steigern, durch Erhöhung der Reputation, die einen Auftrag wertvoll machen. Und mit jedem solcher wertvollen und guten Aufträge wachsen das Recht aber auch die Pflicht einmal NEIN zu sagen im Berufsleben. Neinsagen ist in gewisser Weise eine Wertschätzung an uns selbst, der wir, wenn wir erfolgreich sein wollen, verpflichtet sind.

Erfolg macht sexy – ein NEIN macht interessant und erfolgreich

Nein zu sagen heißt, Zeit und wertvolle Arbeitskraft zu sparen. Demzufolge sind es auch diejenigen, die gelernt haben im richtigen Moment NEIN zu sagen, die sich mehr Zeit für das Wesentliche nehmen können. Mehr Zeit für spannende Projekte, für Herausforderungen, mehr Zeit, um an sich selbst zu arbeiten und sich beruflich voran zu bringen. Oftmals ist es gerade das beharrliche NEIN, das uns mit denjenigen zusammenbringt, die anspruchsvolle Projekte haben und neue Aufgaben für uns bereit halten – Menschen, denen wir ohne den Mut zum NEIN niemals begegnet wären. Erfolgreich ist man nur, wenn man in der Lage ist, seine Chancen real einzuschätzen, seine Ziele zu definieren und den Weg dahin abzustecken. Dazu gehört das NEIN zu all den Dingen, die uns von eben diesem Weg abbringen.

Dominik Fürtbauer, Multimedia Experte und Blogger

6.18 Das „moderierte" Nein

Hand hoch, wer hat sich bewusst für dieses Leben entschieden? Wer hat im Inkarnationskatalog geblättert und sich ausgesucht: Geburt zweite Hälfte 20. Jahrhundert (bitte lange nach den Weltkriegen), sicheres westliches Land mit viel Kultur, sauberem Trinkwasser, keine Erdbeben, Dürrekatastrophen oder Hungersnöte. Vielleicht sogar nette Eltern. Wir können uns unser Leben in der Regel nicht aussuchen. Aber wir haben es alle nicht schlecht erwischt. Daher sag ich meistens JA zum Leben.

Aber man muss auch mal Nein sagen können. Mein vermutlich folgenreichstes Nein habe ich im September 1990 gesagt. Damals war ich Moderator bei Radio Belcanto, dem ersten bundesweiten Klassiksender. Ein Traumjob. Täglich drei Stunden Sendung aus einem neu eingerichteten, schicken Studio in München-Schwabing. Haydn, Händel, Prokoview. Während der längeren Stücke gemütlich Zeitung lesen und sich nette Zwischenmoderationen ausdenken. Angenehme Kollegen, gute Bezahlung. Das Leben war gut.

Leider war Belcanto damals nur über Kabel zu empfangen und mangels terrestrischer Frequenzen war die technische Reichweite bescheiden. Wir hatten zwar überglückliche, treue Hörer zwischen Bodensee und Flensburg – aber zu wenige um über den Verkauf von Werbezeiten Geschäft zu machen.

So stand eines Tages unser Chef Helmut Markwort vor dem versammelten Team und verkündete das baldige Aus. Unser Finanzier, die Sebaldus-Gruppe würde den Geldhahn zudrehen. Noch einen Monat Sendung, dann ist Schluss. Um mich herum versteinerte Gesichter, Fassungslosigkeit und dämmernde Panik: Ich bin bald arbeitslos. Nur mich ergriff seltsamerweise eine klammheimliche Freude und – Erleichterung? Zum Glück stand ich hinten an der Tür und konnte schnell auf den Flur, damit meine Kollegen mich nicht breit und unangemessen lächeln sahen. Erst später wurde mir klar, warum mir ein Stein vom Herzen fiel. Dieser Job war so angenehm und bequem, den hätte ich von mir aus nie gekündigt. Eine goldene Fessel. Wer weiß, ich würde vielleicht noch heute die Belcanto Matinée moderieren (das tun heute die Kollegen des Nachfolgers Klassik Radio).

Helmut Markwort habe ich als sehr leidenschaftlichen Radiomacher und engagierten Chef erlebt. Er hat alle Fäden gezogen, um das komplette Team irgendwo in seinem weitläufigen Medienreich unterzubringen. Einige Kollegen gingen damals zu der für den Osten gegründeten Super Illu, andere zum Gong-Verlag, wieder andere zu „Ein Herz für Tiere" oder Antenne Bayern.

Mir bot er die Moderation einer täglichen Show bei einem neu zu gründenden großen Sender an. Es ging um das nordrhein-westfälische Pendant zu Antenne Bayern, Radio NRW. Landesweit über UKW, also großes Kino. Keine Frage, ein großer Karrieresprung für einen 24jährigen. Keiner meiner Kollegen konnte verstehen, warum ich das ablehne. Auch Helmut Markwort war verständlicherweise irritiert. Der Haken für mich war der Sitz des neuen Senders: Oberhausen. Sorry Ruhrgebiet, aber ich Schnösel dachte damals: Was will ich denn in Oberhausen? So blieb ich in München und ließ die Dinge auf mich zukommen.

Über den Winter reiste ich nach Indien. Kurz vor der Abreise hatte ich erfahren, dass Thomas Gottschalk den Bayerischen Rundfunk verlässt und neuer Programmdirektor des Münchner Lokalsenders Xanadu wird. Ich schrieb ihm noch einen Brief: Oh Mann, da wäre ich gern mit an Bord. Aber jetzt fliege ich erst mal nach Indien. Servus!

Als ich an einem Freitag im Frühjahr zurück kam war ich pleite und ohne Job. Am Dienstag darauf kam ein Anruf mit einem tollen Angebot: Eine Beatles-Show. Gottschalk hatte in Malibu öfter das „Breakfast with the Beatles" gehört. So etwas sollte es nun auch bei Xanadu Classic Rock geben. Er hatte vor, dieses sonntägliche Schmankerl selbst zu moderieren, doch seine Frau drohte mit Scheidung, wenn er auch noch Sonntags nach München reinfahren würde (er moderierte damals neben Wetten dass...? auch die RTL Late Night). Der Geschäftsführer erinnerte sich an meinen Brief und wusste, dass ich Beatles-Kenner bin. Das Vorstellungsgespräch mit meinem neuen Chef ging so: „Wie würdest du denn so eine Sendung aufbauen?" Ich schrieb eine Playlist – guter Mix aus Hits und unbekannteren Stücken. Gottschalk las sie durch und sagte: „Sieht gut aus, dann mach mal." Das war am Mittwoch nach meiner Rückkehr. Am Sonntag moderierte ich zum ersten Mal das „Frühstück mit den Beatles". Es wurde eine kleine Kultsendung, aus der eine erfolgreiche Veranstaltungsreihe erwuchs. Und eine ganze Medienkarriere in München. Ich lernte kurz darauf meine Frau kennen. Undundund...

Ok, ich weiß nicht, wen ich in Oberhausen kennengelernt hätte ;-), aber ich bin zufrieden damit wie alles kam. Ohne dass mir das damals auch nur annähernd bewusst gewesen wäre: Das

Nein mit dem ich den guten Helmut Markwort etwas düpiert hatte, war eine Weichenstellung für mein Leben gewesen.
Dominik Schott, Moderator

6.19 Der Nein-Sager und warum es manchmal sinnvoller ist, das als Ja zu formulieren

Mein Lebensmotto
„Geht nicht, gibt's nicht, kostet." Ist das nicht ein Widerspruch zum Nein-Sagen?

Vorstellung des Nein-Sagers
Mein Name ist Oliver Wildenstein und ich arbeite seit 1998 in der IT eines großen deutschen Finanzdienstleisters. Ich habe als Entwickler begonnen, mehrere Projekte mit verschiedenen externen Dienstleistern geleitet, In- und Outsourcing miterlebt und gestaltet sowie verschiedene Führungspositionen innegehabt. Heute arbeite ich als Fachverantwortlicher für IT-Prozesse, verantworte den IT-Helpdesk und leite weiterhin interessante und herausfordernde Projekte.

Der Widerspruch
Kein Vorgesetzter ist begeistert, wenn man als Mitarbeiter NEIN sagt. Daher habe ich mir angewöhnt zu sagen: „Mache ich gerne, was soll ich dafür weglassen." Im Prinzip sage ich damit auch NEIN, ich sage nicht nein zu der Aufgabe, sondern nein, lieber Chef, ich schaffe das in der aktuellen Situation nicht, ich habe genug zu tun und ich werde meine gegebenen Zusagen einhalten. Es ist für mich total wichtig, Zusagen einzuhalten. Wenn jetzt Aufgaben kommen, die für den Chef so wichtig sind, dass dafür andere Aufgaben liegenbleiben, gerne, aber nicht auf meine

Kosten. Kosten sind für mich meine Zeit, mein oder das Geld der Firma oder auch die Qualität, mit der ich meine Aufgaben mache. An diesen Schrauben kann ich, aber auch mein Chef gerne drehen. Dadurch entsteht mit dem Vorgesetzten eine Gesprächsatmosphäre, die um die Sache geht. „Stimmt, diese Aufgaben sind auch mir wichtig und eine weitere Aufgabe ist daher nicht möglich." Oder wir diskutieren, welche der bestehenden Aufgaben von den Kosten justiert werden können. Ich lebe das auf allen Führungsebenen. Dem Vorstand sage ich das ebenfalls: „Das Projekt leite ich gerne, was soll ich dafür weglassen." Er hat diese Frage an meinen Vorgesetzten weitergegeben und wir haben eine gute Lösung gefunden.

Mut zum Nein-Sagen

Sie werden jetzt sagen, das ist ja ein JA-Sager. Hier kann ich nur ganz klar NEIN sagen. In jeder Situation entscheide ich mich ganz klar, will ich NEIN oder JA sagen. Prioritäten sind hier auch ein gutes Beispiel. Jede Priorität kann es nur einmal geben. Alle meine Aufgaben sind klar priorisiert von eins bis x. Und wenn mein Chef jetzt mir eine neue Aufgabe mit Prio gibt, ist die Antwort auch klar. „Ich habe schon eine Prio eins-Aufgabe von Dir. Ist die neue Aufgabe jetzt so wichtig, dass ich dafür die andere Aufgabe zu Prio zwei wird?" Es hat ein paar Wochen gedauert. Heute kommt mein Chef und sagt: „Hier eine neue Prio 1-Aufgabe, ich weiß schon, die anderen dauern dadurch länger und rutschen von der Priorität eins runter, das ist OK." Es gibt aber auch Situationen, da gibt es nur ein NEIN. Ich versuche meinem Chef eine Brücke zu bauen und antworte in der Art: „Ich könnte mir vorstellen, diese Aufgabe zu übernehmen, wir müssen uns aber über die Rahmenbedingungen unterhalten (Kompetenz, Kosten, …)." Eben ganz nach meinem Lebensmotto: „Geht nicht, gibt's nicht, kostet."

Oliver Wildenstein, Finanzexperte

6.20 Wie ich das Nein-Sagen lernte

NEIN zu sagen ist immer viel schwieriger als das beliebte und positive JA auszusprechen. Mir will es scheinen, als komme uns Frauen das Nein viel schwerer über die Lippen als euch Männern! Früher oder später müssen wir aber lernen, auch einmal Nein zu sagen. Ich lernte das auf die harte Tour – möchten Sie wissen wie?

Im Frühjahr 2012 erreichte ich meinen persönlichen Tiefpunkt: schlaflose Nächte, kaum Appetit, bleierne Müdigkeit, Lustlosigkeit usw. Bei einer Kontrolluntersuchung stellte mein Hausarzt fest, dass ich

1. an einem latenten Eisenmangel litt und
2. eine schwere Erschöpfungsdepression hatte.

Mit dieser Diagnose und ein paar beschwichtigenden Worten entließ er mich. Wir vereinbarten zwei Termine für eine Eiseninfusion (um den Eisenspiegel so schnell als möglich auf einen normalen Stand zu bringen). Außerdem überwies er mich an einen Psychotherapeuten, mit dem ich meine Probleme besprechen sollte. Probleme? Welche Probleme denn? Hatte ich denn welche?!

Es sollte sich herausstellen, dass sich eine ganze Menge in meinem Unterbewusstsein angesammelt hatte. Da mich mein Hausarzt für die nächsten drei Wochen krankschrieb, blieb ich also daheim und kam mir nun noch nutz- und wertloser vor. Es gipfelte darin, dass ich am Gründonnerstag 2012 einen Zusammenbruch erlitt, ins Krankenhaus gebracht und von dort in die Psychiatrie überwiesen wurde (da bei mir latente Suizidgefahr bestünde).

Hier gehörte ich nun wirklich nicht hin! Bloß, weil ich vorübergehend nicht mehr ‚normal' funktionierte, beraubte man mich sämtlicher Rechte und steckte mich in eine geschlossene Anstalt? Ich wähnte mich in einem Albtraum! Die ‚Gummizelle' gibt es wirklich! Möbel aus Schaumstoff, damit keine Verletzungsgefahr besteht. Lavabo und WC aus Chromstahl – wie im Gefängnis (stelle ich mir vor). Im Lavabo waren Kratzspuren ersichtlich und das Fenster aus Panzerglas hatte ebenfalls zahlreiche Angriffe hinter sich. Wer noch nicht verrückt ist, der wird es spätestens hier!

NEIN, in dieser Psychiatrischen Klinik wollte ich auf gar keinen Fall bleiben! Also setzte ich alle Hebel in Bewegung, um diese Anstalt so schnell wie möglich nur noch von außen sehen zu müssen! Ich flehte meinen Mann und meinen Vater an, sie mögen mich aus diesem Albtraum befreien – und die beiden hatten Erbarmen mit mir. Sie, liebe Leserin, lieber Leser, können sich allerdings nicht vorstellen, wie schwierig und aufwändig es war, aus dieser Klinik wieder entlassen zu werden.

Weil mein Mann und meine Eltern in großer Sorge um mich waren, wurde der Beschluss gefasst, dass ich nach über 20 Jahren vorübergehend wieder bei meinen Eltern wohnen sollte. Sie ‚päppelten‘ mich auf wie einen kleinen, verlorenen Vogel. Sie taten alles, um mein Leben wieder lebenswert zu gestalten. Und ganz langsam kehrte etwas Leben zu mir zurück. Ich konnte wieder ein wenig Freude empfinden, wenn ich beim Spaziergang am Straßenrand eine blühende Blume entdeckte oder einen kleinen Fuchs beobachten konnte. Auch lernte ich, dass die große Freude meist aus den kleinen, einfachen Dingen erwächst.

So machte ich in kurzer Zeit große Fortschritte. Und bereits vier Monate nach meinem Zusammenbruch, konnte ich wieder stundenweise meiner bisherigen Arbeit als Chefsekretärin nachgehen. Im Folgemonat wurde das Pensum bereits auf 50 % angehoben und schon im Oktober arbeitete ich wieder meine angestammten 80 %! Es sollte sich herausstellen, dass diese Rückkehr ins ‚normale‘ Berufsleben viel zu schnell stattfand. Aber ich fühlte mich ja gut – glänzend sogar! Mir ging es so hervorragend, dass ich am liebsten die Firma meines Arbeitgebers reorganisiert hätte! Ich sprudelte vor lauter Einfällen und Ideen. Auch wäre es mir ein großes Bedürfnis gewesen, die Lernenden (Kaufleute) zu betreuen und auf ihrer beruflichen Ausbildung zu begleiten. Dies umso mehr, da mein Mann und ich keine Kinder bekommen hatten. Eifrig suchte ich nach Möglichkeiten, um eine solche Stelle bei meinem langjährigen Arbeitgeber (damals waren es 16 Jahre!) zu ergattern. In meiner sehr aufgeheiterten, etwas hypomanen Stimmung schien mir einfach alles möglich. So war ich mir auch ganz sicher, dass die Firma nur darauf gewartet hatte, dass ich das Zepter in die Hand nahm. Schon bald hatte ich eine Ausbildungsstätte gefunden, die genau meine Bedürfnisse abdeckte. Kurzerhand unterschrieb ich einen Weiterbildungsvertrag über mehrere Module. Diese Weiterbildung sollte mich meinem Ziel – Ausbilderin in der Erwachsenenbildung – wieder einen Schritt näher bringen.

Im Geschäft stellte ich unterschiedliche Reaktionen auf meine neue Umtriebigkeit fest. Die einen fanden es ganz großartig, anderen ging ich mächtig auf den Geist (ganz besonders meinem damaligen Chef) und wieder andere schienen sich echt um mich zu sorgen. Aber ich, in einer nie vorher dagewesenen Euphorie, ließ mir in diesem Zustand nichts, aber auch gar nichts sagen!

Und so kam es, wie es kommen musste! Der nächste ‚Absturz' war vorprogrammiert. Als sich noch das externe ‚Case Management' – auch so eine Erfindung, welche die Welt absolut nicht braucht – einschaltete, war der Mist geführt! Mit aller Macht versuchten Case Management, Personalchef und Ex-Chef, mir das Leben madig zu machen. Nach 16 Jahren treuer Dienste hieß es für mich, nochmals eine Probezeit zu bestehen! Und zwar, indem ich, seit jeher an selbständiges Arbeiten gewohnte Chefsekretärin, Pendenzenlisten führen sollte, deren Prioritäten durch den Chef abgeändert und ergänzt werden konnten. Außerdem hatte ich um 8 Uhr mit meiner Arbeit zu beginnen und spätestens um 18 Uhr den Arbeitsplatz wieder zu verlassen. Das war zu viel für mich – innerlich wand und sträubte ich mich dagegen, aber äußerlich machte ich gute Miene zum bösen Spiel! „Manuela, du musst dich nun ganz neu bewähren! Wir fangen wieder von vorne an, auf der grünen Wiese … Und du musst dir bewusst sein – egal wie gut du vorher gearbeitet hast – heute werden die Karten neu gemischt! Sei dir außerdem drüber im Klaren, dass du lediglich nach dem beurteilt wirst, was du in den vergangen drei Wochen geleistet hast!" So der ungefähre Wortlaut von Case Management und Personalchef. Sie mögen mir die Wortwahl verzeihen, aber ich hätte kotzen können!

Als im Januar 2013 meine Weiterbildung zur Ausbildnerin startete, fühlte ich mich jedenfalls unfähig und mein Selbstbewusstsein war einmal mehr am Boden. Ich konnte mich nicht konzentrieren und kam mir unsäglich dumm vor! Die zwei ersten Ausbildungstage schaffte ich gerade noch, doch weiter kam ich nicht. Der nächste Zusammenbruch klopfte an die Türe. Nun ging das ‚Spiel' von vorne los: Der Hausarzt schrieb mich krank, in kürzester Zeit ging es mir noch schlechter als zuvor. Das einzig Gute daran war, dass ich nicht mehr zu meinem Arbeitgeber zurückkehren musste. Und der ließ mich auch schön in Ruhe. Nicht so die ‚Case Managerin', die sich als wahre Hyäne entpuppen sollte. Ständig rief sie bei uns zu Hause an und bedrängte mich, doch endlich eine Klinik aufzusuchen und mir helfen zu lassen. Da mir nur schon von ihrem Klingelton (mein Mann hatte dem Case Management einen speziellen Ton zugeordnet) übel wurde, beantwortete ich ihre Anrufe einfach nicht mehr. Doch Aufgeben, das kannte die ‚Hyäne' nicht! Sie belästigte meinen Mann auf der Arbeit mit ihren Anrufen. Und wenn sie ihn nicht erreichen konnte, wandte sie sich einfach an meine Eltern. Die ‚Hyäne' kannte nichts und machte auch vor nichts halt, um ihr Ziel zu erreichen. Aber ich sagte NEIN und blieb standhaft dabei! Nein, ich wollte keinen Klinikaufenthalt! Das mag für manche Menschen eine glänzende Lösung sein, aber für mich stimmte dieser Weg nicht! Und so ging ich eben meinen eigenen, und zwar den, der ganz kleinen Schritte.

Irgendwann gelang es mir, meine damals große Angst vor Menschen ein wenig abzulegen und die öffentlichen Verkehrsmittel wieder zu benutzen. Zuerst waren es ‚kleine Reisen‘, zum Beispiel von unserem Wohnort ins ca. fünf km entfernte Dorf, wo meine Eltern wohnen. Dann wagte ich mich plötzlich ein bisschen weiter hinaus und fuhr mit dem Bus bis in die nächste Stadt (ca. acht km von unserem Wohnort). Als Steigerung verabredete ich mich in der Stadt mit meinem Mann zum Mittagessen. Die nächste Etappe war es, die Bahn in mein Übungsprogramm mit einzuschließen. So nahm ich also den Bus in unsere Stadt und von dort den Zug in die nächste Stadt. Dass ich selbständig am Automaten eine Fahrkarte lösen konnte, machte mich besonders stolz!

Ende September 2013 wurde ich ins Büro des Case Managements beordert. Weshalb, ging aus der ‚Einladung‘ nicht hervor, aber ich bat vorsorglich meinen Mann, mich zu begleiten. Als wir bei der ‚Hyäne‘ eintrafen, begegneten wir dort bekannten Gesichtern: meinem Ex-Chef, dem Personalchef und ihrem Mann. Der Personalchef kam auch gleich zur Sache und eröffnete mir, sie würden mich nun – da keine große Besserung meines Gesundheitszustandes sichtbar sei – nach 17 Jahren zum Ende des Jahres entlassen. Nach dieser Ankündigung hatte ich das Gefühl, von einem Lastwagen überfahren zu werden. Ich verstand die Welt nicht mehr! Konnten die mich überhaupt entlassen? Ich war doch krankgeschrieben! Doch, die konnten! Nach einer gewissen Zeit war es erlaubt. Ich war unsagbar traurig, fassungslos! Wie konnte sich mein Arbeitgeber von mir trennen wollen? Ich hatte doch die vergangenen 17 Jahre vor allem für ihn gelebt. Der Job war mir das Wichtigste (noch vor meinem Mann, wie ich heute beschämt zugeben muss!), ich hatte mein ganzes Herzblut in die Arbeit gelegt.

Liebe Arbeitgeber, bitte tun sie so etwas NIEMALS ihren treuen Mitarbeitenden an! Denn es bricht ihnen das Herz und sie kommen sich noch nutz- und wertloser vor als sie sich eh schon fühlen. Glücklicherweise bin ich eine starke Person, und so gelang es mir nach einer längeren Trauerphase, den ehemaligen

Arbeitsplatz loszulassen und mich Neuem zuzuwenden. Ich habe das Ganze sogar so gut verarbeitet, dass ich heute ganz ohne Groll an meine Zeit bei meinem ehemaligen, langjährigen Arbeitgeber zurückdenke. Von Zeit zu Zeit statte ich sogar meinen Ex-Kollegen einen Besuch ab und sie tun mir dann fast ein bisschen leid, dass sie weiterhin im Hamsterrad treten.

Manuela Flepp-Kohler, Freiberuflerin

6.21   Ich bin 24 und studiere in München...

Um mir das auch finanzieren zu können, habe ich im Einzelhandel gejobbt, was mir auch anfangs wirklich Spaß gemacht hat. Doch ich habe gemerkt, dass es vor allem in der Personaleinsatzplanung in fast jedem Betrieb, in dem ich war, erhebliche Probleme gab, was zu Lasten aller Mitarbeiter immer wieder ausgetragen wurde. Es waren kaum Kapazitäten geplant für Krankheitsfälle, die Flexibilität, welche von den Mitarbeitern gefordert wurde, konnte auch von Seiten des Unternehmens nicht gewährleistet werden. Somit habe ich am Anfang natürlich sehr oft zugesagt, wenn mir zusätzliche Schichten angeboten wurden – das Prinzip des Gebens und Nehmens herrschte vor. Letztendlich habe ich immer öfter Ja gesagt, habe zum Teil eigene Termine verschoben, die Arbeit wichtiger werden lassen als meine Freizeit und war somit selbst unflexibler. Auch hat natürlich das Studium darunter gelitten, weil ich mich nicht so auf meine Vorlesungen vorbereiten konnte, wie ich das gerne wollte.

Es wurde mit der Zeit so immens, dass ich mich habe unter Druck setzen lassen, dass ich mir in meiner Freizeit Gedanken darüber gemacht habe, was an der Arbeit passiert, wie ich Dinge verbessern könnte und ob auch genügend Personal da war. Ich habe Magenschmerzen bekommen bei dem Gedanken daran, dass ich an einigen Tagen, an denen ich gefragt wurde, ob ich arbeiten kann, nicht die komplett geforderte Zeit konnte. Ich habe mich nicht getraut, Nein zu sagen. Ich habe quasi mein Handy in Bereitschaft gehalten und mich schlecht gefühlt, habe gedacht, dass ich mich quasi immer für alles entschuldigen muss. Krankmeldung? Nein, ich bin mit Halsschmerzen arbeiten gegangen, weil ich dachte „Ich kann jetzt nicht Nein sagen." Schlechtes Gewissen. Ich habe Nein zum Nein gesagt. Und das war fatal. Ich bin letztendlich zwei Mal hintereinander krank geworden, konnte mich nicht ausruhen und habe Raubbau am eigenen Körper betrieben. Ich wollte genügen, habe mir damit aber selbst letztendlich mehr geschadet. Habe mich kaputt gemacht für eine Sache, die niemals so wichtig war, als dass sie nicht auch eine andere Person für mich hätte übernehmen können.

Bittere Tränen habe ich geweint, weil ich nicht zur Einschulung meines kleinen Bruders habe kommen können. Weil ich verpasst habe, dass meine Freunde ihren Geburtstag feiern. Weil ich Nein zu etwas Schönem und Ja zu etwas gesagt habe, das mich kaputt gemacht hat. Und für welchen Preis? Das frage ich mich heute, und nun weiß ich, dass es wehtut, Nein zu sagen, aber dass ich mich nicht mehr benutzen lassen will für etwas, das mir nicht gut tut.

Sobald ich also den kleinen Finger mit einmal Ja-Sagen gereicht hatte, wurde die ganze Hand genommen und ich hatte das Gefühl, verurteilt zu werden, wenn ich Nein sagte. Letztendlich musste ich erst lernen, Nein zu sagen und nicht mehr Ja, obwohl ich eigentlich Nein sagen wollte.

Ann-Kathrin Erler, Studentin

6.22 Ich bin 27, männlich und für meine Freunde so etwas wie ein Rettungsanker

Sie wissen, dass sie mich immer erreichen können, auch nachts um halb 4. Das Ganze gipfelte in eine Situation vor drei Jahren, als ich einen Freund hatte, dem es damals psychisch nicht gut ging. Ich war der Meinung, dass ich immer für ihn da sein müsse und dass ich ihm sein Leben ordnete. Bis ich gemerkt hatte, dass er mich ausnutzt, war es Normalität, dass er mich nachts anrief. Egal, welche Sorgen es waren, mein Handy war immer an.

Das alles gipfelte in der Situation, dass er mich wieder einmal nachts um 2 Uhr anrief und sagte, dass er auf einer Brücke stehe. Natürlich saß ich senkrecht im Bett und war hellwach. Ich machte mir große Sorgen und drohte mit Polizei und Feuerwehr. Bis ich ihn beruhigt hatte, war es halb 4, er zu Hause im Bett und ich in meiner Küche mit Kaffee. Geschlafen habe ich in der Nacht nicht mehr.

Natürlich zogen sich die nächtlichen Anrufe weiter, gesagt habe ich nichts, weil ich Angst hatte, diesen Menschen als Freund zu verlieren. Irgendwann sagte mir jemand, dass das doch ein wenig zu viel sei und ich mich zurückziehen sollte. Also fing ich an, nicht mehr so oft ans Telefon zu gehen, SMS nicht mehr sofort zu beantworten. Natürlich bemerkte das mein Freund, aber ich selbst beobachtete, dass ich ruhiger wurde. Einen Tag vor einer wichtigen Prüfung rief er mich wieder an. Er wolle reden, also redeten wir zwei Stunden lang. Ich wurde innerlich wütend – wütend auf ihn, wütend auf mich und auf die ganze Situation. In dieser Nacht stellte ich mein Handy auf lautlos und sagte Nein zu einem Anruf. Am nächsten Morgen sah ich, dass ich sieben verpasste Anrufe von meinem Freund hatte, plus unzählige Nachrichten. Er war noch am Leben und ich vorbereitet für die Prüfung und ausgeschlafen. Letztendlich sind wir nicht mehr befreundet, weil er mir in den folgenden Monaten vorgeworfen hatte, dass ich mich zu wenig um ihn kümmern würde – es hat weh getan, doch nach vielen Gesprächen mit anderen Freunden weiß ich, dass er mir nur Energie abgezogen hat und ich der Einzige war, der in die Freundschaft investiert hat.

Hans-Peter Ribo, Mechatroniker

Literatur

Kim WC, Mauborgne R (2005) Der Blaue Ozean als Strategie: Wie man neue Märkte schafft, wo es keine Konkurrenz gibt. Hanser, München

Merkle R (2015a) Tipps für mehr Selbstbewusstsein. https://www.palverlag.de/Selbstbewusstsein-Info.html. Zugegriffen: 17. April 2015

Merkle R (2015b) Nein sagen lernen. http://www.psychotipps.com/Selbstsicherheit.html. Zugegriffen: 17. April 2015

Tomoff M (2013) Grenzen setzen: 17 Möglichkeiten zum gesunden Nein-Sagen. http://www.tomoff.de/grenzen-setzen-17-schritte-zum-gesunden-nein-sagen/. Zugegriffen: 17. April 2015

7

Nachwort

Seit dem Verfassen des Vor-und Begleitwortes ist ja nun einige Zeit vergangen. Ja, ich schreibe derartiges tatsächlich zu Beginn;-) und in dieser Zeit haben sich die Uhren weitergedreht und wir können uns einmal ansehen, was bspw. aus dem im Vorwort angesprochenen Andreas Kümmert geworden ist. Und da mag man sich verwundert die Augen reiben, wenn man liest:

„mein anwalt ist eingeschaltet!an alle hater:verpisst euch, ihr degenerierten arschlöcher!!!" O-Ton von seiner Facebookseite vom 29. März.

Was war geschehen?

Er hatte nach seinem ESC Auftritt mit den bekannten Folgen, seine beiden unmittelbar anstehenden Konzerte abgesagt. „**Liebe Fans/Freunde, die Konzerte am heutigen Abend und am kommenden Montag, werden den Umständen entsprechend verschoben!**" (Rigling 2015)

Das geschah noch relativ frühzeitig, so dass sich die meisten wenigstens darauf einstellen konnten und gar nicht erst anreisten. Er erntete weitgehend Verständnis. Die Fans hielten zu ihm. Doch dann kam es einige Zeit später zu einem Abbruch während des Soundchecks, der viele Fans ratlos zurück- und einigen den Kragen platzen ließ. Die Folge? Er wurde auf übelste Weise im Netz beschimpft.

Die Sinnhaftigkeit eines Shitstorm und wie man als öffentliche Person damit umgehen sollte, ist hier nicht das Thema. Vielmehr das, was sich daran ganz deutlich zeigt. Konnte man sein ESC – Nein noch diskutieren und ihm vorhalten, warum er sich das nicht vor seiner Teilnahme überlegt hat, so sieht man einige Wochen später ganz deutlich:

Sein Nein war notwendig. Und: Sein Nein kam vermutlich schon zu spät. Denn ansonsten wäre ihm eine derartige verbale Entgleisung wohl nicht passiert! Nicht, dass man sich als „Promi" alles gefallen lassen muss, aber auf Beschimpfungen überhaupt einzugehen und dann die Fäkalsprache auch noch zu spiegeln, ist so ziemlich das Letzte was einem passieren darf! Ob auf Facebook oder in anderen Medien. Da geht es nicht um Authentizität, sondern um das Vermeiden eines Nährbodens für weitere Angriffe! Kümmert war dies alles egal. Er hatte die Schn… voll und hat damit anschaulich gezeigt, dass sein Maß voll war. Das Maß des Ja Sagens gegen seine persönliche Überzeugung!

Sein Innerstes zuzulassen, ihm zuhören und ihm Raum im Leben zu geben, ist eine permanente Lebensaufgabe! Und die Erkenntnis eines Menschen – der vermutlich immer davon geträumt hat auf der großen Bühne endlich seine Musik vortragen zu können – dass die Realität so gar nicht mit seinem Lebenstraum harmoniert, niederschmetternd. Da bekommt das Nein plötzlich das Geschmäckle des Scheiterns. Weil es viel zu spät ausgesprochen und umgesetzt wurde. Andreas Kümmert ist ein Paradebeispiel dafür, dass sich ein Mensch zu lange hat instrumentalisieren lassen. Und dabei ist es nun ganz egal, ob von anderen Menschen, seinem Management oder von sich selbst, indem er seine eigene Messlatte stetig höher legte, statt auch mal aufrecht und stolz unter ihr hindurchzugehen.

Ich möchte Ihnen nochmal eindringlich ans Herz legen: Machen Sie es besser! Warten Sie nicht, bis Ihnen Ihre Sicherungen durchbrennen, dimmen Sie das Licht früher. Sie werden dadurch nicht im Dunkeln stehen, sondern ganz im Gegenteil – nein, ich schreibe nun nicht, aus sich selbst heraus anfangen zu leuchten;-), die Kitschkolumne läuft auf einem anderen Kanal – Ihr

Schattendasein im Licht der Ansprüche anderer an Sie verlassen und – aus sich selbst heraus anfangen zu leuchten…

Das selbstbestimmte Nein steht nicht für Scheitern. Nie. Wenn es auch manchmal folgenschwere Konsequenzen nach sich zieht, lassen die sich in der Regel unter dem Strich doch leichter stemmen, als das Ertragen der Ja-Konsequenzen!

Aber die Zukunft des Nein beginnt erst da, wo Sie ihm auch eine Zukunft einräumen. Die Weiche für eine selbstbestimmte Zukunft, in der sich Ihnen die Frage: „Egoismus oder Solidarität" immer seltener stellt, da sie die Antwort darauf bereits intuitiv leben. Das konsequente Nein macht nicht einsam, sondern einfühlsam. Und damit sind Sie ein Gewinn für sich und andere.

> Das Nein gewinnt!

Literatur

Rigling S (2015) „ESC": Andreas Kümmert zieht sich weiter zurück. http://www.schlagerplanet.com/news/aktuelle-nachrichten/nach-esc-eklat-andreas-kuemmert-sagt-konzerte-ab_n5984.html. Zugegriffen: 17. April 2015

Nein danke? Doch! Aber sowas von...

Erinnern Sie sich noch an den im Buch gezogenen Vergleich?

> Die beste Fußballmannschaft, zusammengesetzt aus den erfahrensten und teuersten Spielern der Welt, ist nichts wert, ohne ihren Trainer. Taktische Vorgaben, Tipps und Tricks, Kniffe aus vielen Jahren Erfahrung in der Beobachtung anderer Teams und Spieler, formen aus einem Fußballenthusiasten einen Spitzentrainer, während er selbst auf dem Spielfeld keine 10 Minuten bestünde. Aber aus seiner Mannschaft das herausholen, was an Kapital in ihr schlummert, ist sein Metier. So hat jeder Mensch seine Begabung.

Und so habe auch ich beim Schreiben dieses Buches dazugelernt. Sehr vieles in Bezug auf das Ja und Nein. Ursprünglich alleine gestartet, mit Talent, Mut und Wissen ausgestattet, jedes Spiel zu gewinnen. Doch schon kurz nach dem Start musste ich feststellen: Ich brauche ein Team, um den Ball sprichwörtlich im gegnerischen Tor unterzubringen. Ohne ein Team ist der größte Fußballgott auf dem Fußballplatz machtlos.

Ich machte mich auf die Suche nach dem Team. Natürlich gab es, wie bei jeder Spielertransferanfrage, auch Absagen. Kollegen, Freunde und selbst Bekannte sagten Nein. Sie wollten, konnten oder durften mir bei der Fertigstellung des Buches nicht helfen. Und bin ich nun böse oder verletzt? Nein, es ist und war ihr gutes Recht Nein zu sagen. Trotz ihres Nein schätze ich diese Personen nach wie vor und nicht nur für ihre bis anhin geleisteten Tätigkeiten. Ich kann mit einem Nein umgehen. Können Sie das auch?

Glücklicherweise komme ich aus dem Vertrieb. Wäre ich für jedes Nein, das ich in meiner Vertriebskarriere erhalten habe, beleidigt gewesen, meine Lebensqualität wäre dahin! Und ich wäre mit Sicherheit kein glücklicher Mensch geworden. Nein, ein Nein im Vertrieb beflügelt mich. Es treibt mich an, es zwingt mich zu Höchstleistung. Und so machte ich mich auf ein Ja-Team zu finden, und ich fand es.

Wie im Fußball stellte ich ein Team aus jungen aufstrebenden Talenten und erfahrenen, mitten im Leben stehenden Unternehmern, Beratern, Trainern und Geschäftsführern zusammen. Danke daher an meine Studenten Philipp Meyer, Anastasios Efthimiadis, Mischa Maier, Janina Uziekalla, Christian Kirchhöfer, Daniel Kraus, Julian Raach und Ann-Katrin Erler, die für die erste Kategorie der aufstrebenden Talente stehen. Zusätzlich möchte ich noch speziellen Dank an Ann-Katrin Erler aussprechen, die auf Grund Ihrer Anfangsrecherche viele spielentscheidende Wege aufgezeigt hat. Ein großes Danke an die erfahrenen Mitspieler Jürgen Goldfuss, Michael Hannig, Michael von Kunhardt, Heinz Merlot, Christoph Teege, Nadine Wendt, Dagmar Haupt, Zach Davis, Hans-Joachim Hahn, Dominik Fürtbauer, Dominik Schott, Oliver Wildenstein und Manuela Flepp, die auf Grund ihrer Lebenserfahrung die strategischen und taktischen Spielzüge mitgestaltet haben.

Was wäre ein Team ohne Spielführer. Jemanden der die Fäden zusammenhält, an den richtigen Stellen verwebt ohne sich zu verstricken und spielentscheidende Impulse setzt? Diese Person zu finden, war der schwierigste Part. Doch ich fand sie und ihr zolle ich meinen außerordentlichen Dank. Stefanie Klief hat es geschafft, die einzelnen Spieler zusammenzuhalten, zu motivieren und ihre Ideen und Spielzüge ins richtige Licht zu setzen, daraus eine homogene Mannschaft zu formen und gewinnbringende Spielzüge zu implementieren. Danke für Ihr Lektorat.

Übrigens: Fußballexperten werden nun mitgezählt haben. Ja, es sind mehr als 11 Spieler. Zum Sieg braucht es ja auch eine gut besetzte Ersatzbank.

Schlussendlich braucht aber jedes Fußballspiel auch Zuschauer. Diese Rolle obliegt Ihnen lieber Leser. Sie entscheiden, ob das Spiel gut oder schlecht war. Sie empfehlen Spieler weiter oder nicht und werden Fan von bestimmten Mannschaften. Natürlich würde das gesamte Team sich sehr freuen, wenn Sie lieber Leser unser Fan werden.

Danke, Ihr Peter Buchenau

Jeu in der Reihe Löwen-Liga

r H. Buchenau, Zach Davis
Löwen-Liga
sch leicht zu mehr
luktivität und weniger Stress
3. X, 148 S. 52 Abb. Brosch.
14,99 | € (A) 15,41 | *sFr 19,00
978-3-658-00946-5

Peter H. Buchenau, Zach Davis,
Sebastian Quirmbach
Die Löwen-Liga:
Wirkungsvoll führen
2015. Ca 150 S. Brosch.
€ (D)17,99 | € (A) 18,49 | *sFr 22,50
ISBN 978-3-658-05286-7

r H. Buchenau, Zach Davis, Martin Sänger
Löwen-Liga:
:aufen will gelernt sein
i. Ca 150 S. Brosch.
17,99 | € (A) 18,49 | *sFr 22,50
978-3-658-05288-1

Peter H. Buchenau, Zach Davis, Paul Misar
Die Löwen-Liga:
Der Weg in die Selbstständigkeit
2015. Ca 150 S. Brosch.
€ (D)17,99 | € (A) 18,49 | *sFr 22,50
ISBN 978-3-658-05419-9

Printed in the United States
By Bookmasters